T0246790

KRISTA WALOCHIK

Cómo ser un consejero de éxito

*Claves para acceder, ejercer y consolidarse
en un consejo de administración*

ALMUZARA

© Krista Walochik, 2022
© Editorial Almuzara, s.l., 2022

Primera edición: noviembre de 2022

Reservados todos los derechos. «No está permitida la reproducción total o parcial de este libro, ni su tratamiento informático,
ni la transmisión de ninguna forma o por cualquier medio, ya
sea mecánico, electrónico, por fotocopia, por registro u otros
métodos, sin el permiso previo y por escrito de los titulares del
copyright.»

Cualquier forma de reproducción, distribución, comunicación
pública o transformación de esta obra solo puede ser realizada
con la autorización de sus titulares, salvo excepción prevista
por la ley. Diríjase a CEDRO (Centro Español de Derechos Re-
prográficos, www.cedro.org) si necesita fotocopiar o escanear
algún fragmento de esta obra.

Editorial Almuzara • Manuales de Economía y Empresa
Director editorial: Antonio Cuesta
Editora: Ángeles López
Corrección: Mónica Hernández
Maquetación: Joaquín Treviño

www.editorialalmuzara.com
pedidos@almuzaralibros.com - info@almuzaralibros.com

Editorial Almuzara
Parque Logístico de Córdoba. Ctra. Palma del Río, km 4
C/8, Nave L2, nº 3. 14005 - Córdoba

Imprime: Gráficas La Paz
ISBN: 978-84-11313-89-6
Depósito legal: CO-1576-2022
Hecho e impreso en España - *Made and printed in Spain*

AGRADECIMIENTOS

Este libro nació en un camino cuyos pasos se empezaron a dar mucho antes de sentarme a escribir. Como en cualquier aventura, he tenido sorpresas y retos, aciertos y aprendizajes, pero he tenido la enorme fortuna de contar con compañeros de viaje que, cuando mi nave perdía velocidad, llenaron mis velas con vientos amigos.

Goyo y Helena me han animado siempre en mis aspiraciones y proyectos, ajustando nuestra vida en común con paciencia, amor y flexibilidad para adaptarse a las largas horas, exigencias y turbulencias de mi actividad empresarial. Son el puerto seguro donde regreso para recordar que la vida es otra cosa y para quitar importancia a lo que no lo tiene.

Empezando mi camino, agradezco las huellas que dejaron mis padres, entre ellas, el amor a los libros y la exigencia en la expresión de mi padre —un artífice de la palabra—, así como el apoyo incondicional de mi madre, una mujer profesional excepcional para su generación, que me inculcaba que podría ser lo que quisiera ser, si ponía lo mejor de mí.

Este libro no se entiende sin Talengo que, con sus raíces echadas hace 28 años, sigue siendo un modelo de innovación en nuestro sector. Sobre todo, el camino no hubiera sido posible sin la confianza, complicidad y compromiso de mis socios Vivian, José Ignacio y Manuel. Hace quince años de nuestra unión ante el MBO, y me ilusionan los próximos que vamos a compartir.

Executive Search me ha brindado la oportunidad de ejercer una de las profesiones de mayor impacto y satisfacción del mundo. Agradezco a los clientes que han confiado en mi asesoramiento respecto a la incorporación de altos directivos y consejeros, la composición de sus consejos y oportunidades de mejora en su funcionamiento.

El timón de esta nave literaria son todos los consejeros actuales y aspirantes que he tenido el privilegio de conocer. Sus comentarios y preguntas sobre la carrera de consejero han sido la principal fuente de inspiración para este libro.

Parafraseando el dicho africano «hace falta un pueblo» para culminar cualquier proyecto. Vivimos en comunidad y no he podido andar este camino sin el cariño y el apoyo de personas muy especiales que me habéis ayudado a cuidar de mi bienestar, felicidad y salud a lo largo de los años.

Cierro con una mención especial a Charo Izquierdo, la madrina que me presentó a Manuel Pimentel, director de la Editorial Almuzara, así como a Ángeles López, la editora que ha guiando mis pasos de escritora novel. También a Cynthia Burke, querida amiga chilena en Virginia quien, desde que nací, sembró en mi oído y mi corazón la música del idioma español.

ÍNDICE

INTRODUCCIÓN

El nombramiento de consejeros y el examen de su responsabilidad en las empresas ha pasado de ser un proceso más bien anónimo y gris, a ocupar titulares en la prensa nacional e internacional. El interés por el buen gobierno corporativo ha crecido exponencialmente desde la gran crisis financiera de 2008, impulsado por el impacto de los escándalos económicos de grandes corporaciones, el aumento de la vigilancia regulatoria sobre las sociedades de capital, y la presión de inversores institucionales para proteger sus intereses. Se buscan consejeros profesionales para incorporarse a los consejos de administración.

Después de más de 20 años dedicada al ejercicio como consejera y como asesora a empresas y candidatos en la selección de consejeros, he querido captar en estas páginas la esencia de cientos de conversaciones con los interesados en la materia. Este libro se dirige a quienes están pensando en explorar la carrera de consejero, a quienes están en búsqueda activa de su primer consejo, y a los nuevos y consolidados consejeros que están valorando los próximos pasos en esta profesión.

Está pensado para los presidentes de consejos de administración y las comisiones de nombramientos que deben identificar e incorporar a nuevos consejeros, para los centros de certificación y formación en gobierno corporativo como recurso para sus alumnos, y para las empresas que están planificando la sucesión en sus estructuras ejecutivas, de gobierno y de control accionarial. Lo dedico a los profesionales de *executive search,* a todos los que nos dedicamos a asesorar tanto a empresas en su búsqueda de nuevos consejeros como a los profesionales que nos piden orientación sobre su participación en consejos de administración.

A lo largo del libro, nos acompañan las voces de consejeros que tengo el privilegio de conocer y que han compartido generosamente sus opiniones y aprendizajes. La sonoridad de sus citas anónimas transmite la realidad de la función de consejero y nos habla en primera persona de la experiencia vital de la profesión.

Querido lector, espero que estas páginas te ayuden a aclarar las dudas que tengas sobre la función de consejero, explorar si es una profesión que podría ser para ti y, si tu respuesta es positiva, dar los pasos necesarios para conseguir tus objetivos.

Madrid, septiembre 2022

CAPÍTULO 1
LA VOCACION DE CONSEJERO

El marco de gobierno corporativo

La profesionalización progresiva del rol de consejero tiene su origen en el deseo de control y protección de los grupos de interés y la sostenibilidad de las empresas ante unas organizaciones cada vez más complejas. La función de consejero se ha reforzado ante la reacción regulatoria, social, y económica a las crisis empresariales surgidas en los últimos 20 años y la búsqueda de la responsabilidad de los consejeros en su rol de supervisión. Casos como la quiebra de Enron, Parmalat, y Lehman Brothers, por nombrar algunos, han empujado a exigir más responsabilidades al consejo de administración de las organizaciones.

La búsqueda de un mejor gobierno nació hace casi un siglo a raíz del crack de los años 20 y la aparición de grandes casos de fraude en los años 30. En Estados Unidos se fundó en 1934 el regulador de los mercados de capitales (*Security and Exchange Commission* o SEC) y los demás países han seguido con la creación de organismos reguladores similares. La Comisión Nacional del Mercado de Valores (CNMV) en España se creó en 1988, unificando entidades de control anteriores, con el objetivo de «velar por la transparencia de los mercados de valores españoles y la correcta formación de precios, así como la protección de los inversores». (https://www.cnmv.es/portal/quees/Funciones/Funciones.aspx).

Los reguladores han emitido informes y códigos en el afán de promulgar las mejores prácticas de gobierno de las sociedades de capital. El Reino Unido lideró el impulso en Europa con la publicación en 1992 de su *Cadbury Report* (*The Financial Aspects of Corporate Governance, The Committee on the Financial Aspects of Corporate Governance*, Gee& Co., Ltd., December 1992) que buscaba recuperar la fe de los inversores en las empresas cotizadas. Definió una serie de recomendaciones (*the Combined Code*) respecto al funcionamiento de los consejos de administración que han fijado la pauta de la naturaleza del trabajo del consejero. Se promueve el rol del consejero independiente y la conveniencia de que la mayoría de los consejeros no sean ejecutivos. Asigna a la comisión de auditoría la responsabilidad global de revisión de las cuentas financieras y de las normas contables aplicadas. Recomienda la separación del rol de presidente y del máximo ejecutivo, y asigna la responsabilidad a los consejeros de implantar sistemas de control interno.

Unos años más tardes, la OCDE publica sus *Principios de Gobierno Corporativo* (*Principles of Corporate Governance*), enfatizando que el consejero vele por los intereses de la compañía y todos los accionistas, así como la sostenibilidad de la compañía. Se propone separar la labor de gestión de la de control, y reclama el derecho de los accionistas a recibir información, participar en las decisiones fundamentales de la sociedad y votar con un trato igualitario según la clase de acciones. Ahonda en la responsabilidad de los consejeros de responder por la veracidad y transparencia de la situación financiera y rendimiento de la empresa y especifica en el rol del consejero la formulación de estrategia, el seguimiento del desempeño de los directivos y la adecuación de su remuneración, y el mantenimiento de un sistema de gestión de riesgos y control. La

OCDE actualizó sus recomendaciones durante la crisis financiera para insistir en la independencia de los consejeros y en su capacidad técnica. En España, la CNMV emitió su primer código unificado de buen gobierno de las sociedades cotizadas en 2006, también conocido como el código Conthe, que fue actualizado en 2013. Muy similar a los códigos de otros reguladores, el código reúne recomendaciones sobre el marco de prácticas que deberían integrar las sociedades en su funcionamiento. El informe se estructura sobre unos principios básicos y luego hace recomendaciones específicas sobre las competencias y funcionamiento de la junta general de accionistas y el consejo de administración. En 2015 se revisaron las prácticas y recomendaciones de buen gobierno en un nuevo código, conocida como el código Rodríguez, y cuya última actualización se realizó en junio de 2020. Todos están recogidos en la página web de la CNMV (https://www.cnmv.es/portal/Publicaciones/CodigosGovCorp.aspx). Los códigos tienen naturaleza voluntaria, pero aquellas compañías cotizadas que no cumplen alguna de las recomendaciones deben explicar las circunstancias que las llevan al incumplimiento.

El marco legal que regula la actividad del consejero es la Ley de Sociedades de Capital (LSC), aprobada mediante el Real Decreto Legislativo 1/2010, de 2 de Julio). La ley sí es de obligado cumplimiento, y es crítico que el consejero conozca el alcance de las responsabilidades que asume. Ante los posibles daños causados por una mala praxis por una negligencia en la supervisión y vigilancia de posibles riesgos, el consejero es responsable tanto por sus propios actos como por los de la sociedad.

Siendo una función de alto nivel de responsabilidad y no exenta de riesgo, ¿cuál es la atracción de ejercer de consejero?

Por qué ser consejero

En el entorno del trabajo, hay algunas personas que han elegido su profesión, siendo vocacionales. Por ejemplo: los médicos, los músicos y artistas, los religiosos, los políticos, los ingenieros en su mayor parte... Pero la mayoría no elegimos profesión, sino que nos encuentra en el camino trabajando. Hasta cierto punto, pasa lo mismo con la profesión de consejero: algunos se preparan exprofeso y se esfuerzan para poderla ejercer, y a otros les viene sobrevenido. Si estás leyendo estas líneas, puede que te encuentres en cualquiera de las dos situaciones: bien, estás explorando proactivamente ser consejero, o bien, posiblemente te has encontrado sin buscarlo en la condición de ejercer como tal.

Qué es ser consejero: ¿es una profesión? ¿es una actividad paralela a la profesión de verdad, la ejecutiva? Hay quien rechaza el concepto de un consejero profesional, como si fuera un término contrario a poder mantener la necesaria independencia en el ejercicio de la función. Hay quienes son incluso más idealistas:

> «Ser consejero no es una profesión, no es una carrera. Es una predisposición para servir a otros».

Según la RAE, una profesión es «empleo, facultad u oficio que alguien ejerce y por el que percibe una retribución». Para los puristas que apuntan que no siempre es remunerada la actividad de consejero, miremos la etimología de la palabra profesión (Larousse, 1984): «La palabra profesión proviene del latín *professio-onis*, que significa acción y efecto de profesar o ejercer. El uso común del concepto tiene diferentes acepciones, entre ellas: empleo, facultad u oficio que cada uno tiene y ejerce públicamente».

La piedra angular de este libro es que la función de consejero sí es una actividad profesional e ir construyendo una sucesión de experiencias en el gobierno corporativo constituye la carrera de un consejero. Esta es la definición según una consejera muy consolidada en España:

> «Hay mucho mito en torno a esto de ser miembro de un consejo de administración. Mucha tontería que no conviene a nadie. Ser miembro de un consejo de administración es un cargo profesional, es sólo un trabajo más».

Hay varios motivos por los que una persona acepte un puesto de administrador o consejero. Al ser accionista, los grupos de referencia quieren tener su impacto en el gobierno de la sociedad y representar sus intereses ante las decisiones que se tomen en el consejo de administración. Los máximos ejecutivos buscan poder influir en la toma de decisiones estratégicas mediante una posición en el consejo. En algunas organizaciones, públicas y privadas, el cargo conlleva necesariamente participación en los consejos de participadas. En las empresas familiares, las ramas tienen su representación alícuota para influir en la sostenibilidad del negocio y sus destinos. Los emprendedores asumen en el momento de arrancar su empresa el triple rol de accionista, máximo ejecutivo y apoderado. Y los vocacionales, personas que ejercen de manera independiente como externos a la sociedad, buscan poder servir los propósitos de un amplio grupo de interés.

Consejero por vocación

La mayoría de las conversaciones que tengo sobre la carrera de consejero son con personas que tienen más de 20 o 25 años de experiencia laboral, normalmente en posiciones de alta dirección, y que están pensando en sus próximas dos décadas de vida profesional. A veces, se trata de enriquecer su actividad ejecutiva.

«Llevaba 15 años como director general en una empresa familiar. Aunque estaba muy valorado por todos los hitos cumplidos, acepté una posición de consejero delegado en otra empresa. También es familiar pero ahora pertenezco al consejo de administración y tomo parte en las decisiones estratégicas de la sociedad».

En otras, por algún motivo se ha interrumpido su actividad ejecutiva, y cuestionan su continuidad en un mercado laboral que no es especialmente fácil para la reinserción de los *seniors*.

«Cuando cumplí 50 años, decidí que no quería seguir en una carrera empresarial. Ya había sido banquera de inversión con roles europeos, y quería dar un giro a mi vida profesional. Planteé construir una carrera como consejera».

Consejero por obligación

Muchos cargos de responsabilidad conllevan la participación en el gobierno de una sociedad. En el sector público, es habitual que un alto cargo asuma responsabilidades de consejero dominical, representando el Estado en sociedades participadas. En las firmas de profesionales, se confunden el rol de trabajador con accionista y frecuentemente miembro del consejo de administración. En las empresas familiares, las diferentes ramas se aseguran su representación en los órganos de gobierno para proteger sus intereses a futuro. Al máximo ejecutivo de una multinacional habitualmente se le nombra consejero de la filial, donde no suele haber consejeros externos sino presencia de altos directivos de la matriz. En estos casos, el rol de consejero viene prácticamente impuesto: si uno quiere ejercer de máximo ejecutivo, lo tiene que aceptar. No por ello tiene menos responsabilidades ni menos riesgos.

Hay diferentes momentos vitales en los que se plantean roles de consejero. Básicamente, distinguimos dos:

Durante la vida ejecutiva

Las personas que plantean ser consejero durante su vida ejecutiva lo hacen por diferentes motivos. Es una manera de preparar una transición para evolucionar más tarde de ejecutivo a otro tipo de vida profesional. Permite ganar una visión más estratégica y holística de los negocios, un aprendizaje extrapolable a sus responsabilidades directivas. Aporta comprensión de cómo se toman las decisiones entre los representantes de los accionistas, lo que les ayuda en su actividad ejecutiva a contextualizar mejor sus propuestas y planes y ganar impacto e influencia. Sin duda, ser consejero es un mecanismo para ampliar relaciones, reputación y credibilidad, siempre que la sociedad donde se ejerce como consejero sea exitosa. Fomenta el desarrollo de habilidades de visión estratégica, pensamiento analítico y crítico, gestión de riesgos, y creación de consenso. Por todos estos motivos, empresas bien gestionadas suelen permitir, e incluso animar, a sus altos ejecutivos participar en un consejo de administración fuera de la empresa que no presente conflictos de intereses.

> «Ya he pedido permiso a la corporación en Francia, y me permiten entrar en un consejo de administración que no entre en competencia con nuestra actividad. Ahora, tengo que calibrar muy bien cuál consejo».

Después de la vida ejecutiva

Aunque nos veremos obligados a alargar cada vez más la vida laboral activa, en algún momento se plantea dejar las responsabilidades ejecutivas. En esta nueva etapa, personas que reúnan un bagaje importante de conocimientos y experiencia con energía y vocación de seguir en activo, se plantean opciones de *senior advisor* o de consejero. Todas actividades a tiempo parcial, pero de importancia e impacto. Permiten seguir activo en el mundo de los negocios a la vez que mantener una actividad intelectual y relacional.

> «Cuando salí de la entidad, tenía mucha prisa en encontrar un puesto de consejera. Tuve suerte y llegó a los pocos meses, y ahora tengo varios consejos. Para mí era muy importante reestablecer el mismo nivel de independencia y actividad que siempre he tenido en mi vida profesional antes de que mi marido se jubilase. El sí que va a querer no hacer nada, algo que respeto, pero no me quiero ver en ese tipo de vida, por lo menos, todavía no».

El concepto de devolver algo a la sociedad es un motivador frecuente en este proceso, bien mentorizando a ejecutivos más jóvenes, bien buscando la continuidad y salud de empresas cuyos propósitos se comparten. La función de consejero, salvo en caso de fundaciones y ONG, es retribuida, generando una fuente de ingresos. Cuando se deja la función ejecutiva y se deja de tener una 'tarjeta' de directivo y cargo, se pierde identidad y visibilidad. El rol de consejero conlleva un nivel de prestigio y reconocimiento social que permite mantener una identidad y posición.

Por vocación o por obligación, durante la vida ejecutiva o después, hay múltiples respuestas a por qué las personas aceptan un nombramiento de consejero.

¿Cómo es esto en la práctica?

Como punto de partida, comparto mi recorrido por el gobierno corporativo a lo largo de más de 25 años. Siempre da un poco de apuro compartir la experiencia propia, pero cuando aporta aciertos y desaciertos, creo que puede ayudar a ilustrar los distintos caminos por los que uno puede llegar a ser consejero. Apasionada de la literatura desde pequeña, sé que cualquier historia que se precie empieza con esta entrada:

Érase una vez...
....

En 1994, una empresa inglesa de selección de directivos, Norman Broadbent, y un grupo de socios españoles dedicados a la búsqueda de altos directivos decidieron montar una *joint venture* en Madrid para seleccionar mandos medios y altos vía anuncios en la prensa. En pleno 2022, qué raro suena ya ese modelo de negocio, pero entonces la selección de profesionales vía prensa escrita era un medio muy instalado para ese nivel de contratación.

Yo estaba planteando un cambio profesional. Antes, había dirigido ese mismo negocio con éxito en KPMG, y cuando me enteré del proyecto, me interesó porque sería mi primera dirección general. Cuando conocí al CEO de la empresa inglesa, me fascinaron su pasión, su profesionalidad, su claridad de objetivos y su rigor. Los socios españoles parecían haberse adherido al proyecto más bien como accionistas financieros. Estaban buscando para el rol de Director General «un español de treinta y tantos años, soltero, y de cuatro apellidos». Nunca fui alguien que se echase para atrás, me presenté —una norteamericana, casada, con una hija de 2 años, y un apellido casi impronunciable— eso sí, cumplía lo de los treinta y tantos años. Al final, me ofrecieron la dirección general.

Los accionistas ponían un primer capital y los ingleses tenían excelentes procesos y metodologías, pero sabía el esfuerzo que me iba a requerir para que eso funcionase. Pedí participación en el negocio. Los accionistas no querían, pero cedieron con un 5%. Yo luché para el 10% y puse un dinero. Concentrada en mi plan de negocio y el rol de máximo ejecutivo de una empresa que arrancaba aún en un momento de recesión, yo no buscaba trabajo adicional. Pero por el interés de ambos accionistas y por la participación que tenía yo en el accionariado, me tocó ser consejera delegada. Tuve que sumergirme en el gobierno de la sociedad: formulación de cuentas, juntas generales, estructuración de decisiones tomadas, coordinación con los accionistas. Afortunadamente, tenía un secretario experto y paciente que me iba enseñando lo que necesitaba saber y cómo gestionar los hitos importantes que pronto surgían en la vida de la sociedad.

Mi primer consejo fue sobrevenido y me pilló de sorpresa. No es una ruta que recomiendo para iniciarse en la función de consejero, pero me he dado cuenta después que es bastante habitual.

En esos primeros años, no solo aprendí de los formalismos de *reporting* y cumplimiento. Pronto había movimiento accionarial: uno de los socios españoles se marchó de su firma. Aprendí cómo hacer una valoración de acciones justa y el mecanismo de compraventa entre socios. También aprendí de conflictos entre socios. Desde el inicio, las intenciones de los socios al arrancar la sociedad eran diferentes. El Reino Unido estaba en pleno proceso de expansión de su exitoso modelo de negocio que querían replicar. En España, los socios tenían otro negocio similar, y su intención era fusionarla con la *joint venture*, guardando sus modelos de gestión. Surgieron conflictos de interés: ¿a quién referenciaban los españoles oportunidades de negocio, a la *joint venture* o a su empresa? ¿Hasta qué nivel de mandatos podría llegar la nueva empresa sin chocar con los mandatos de la firma española? Los socios ingleses querían expandir el negocio y estaban dispuestos a invertir, los españoles buscaban rentabilidad. Era crónica de una muerte anunciada. Al final, los ingleses y yo nos quedamos con el negocio y se abría otra etapa.

Avanzamos 7 años en los que seguía de consejera delegada. El negocio diversificado que habíamos puesto en marcha en España había dado frutos. Dejamos los anuncios para dedicarnos a la búsqueda directa a niveles de dirección, e incorporamos servicios de evaluación y coaching de equipos. Sorteábamos la crisis de 2000, crecíamos, teníamos oficinas ya en Madrid y Barcelona, y habíamos sido rentables cada año desde el primero de nuestra constitución. Vivíamos aislados de varios movimientos en la corporación. El CEO icónico que me atrajo al grupo se marchó. Entró en el capital del holding cotizado un grupo de inversores de capital riesgo expertos en *staffing*. Después de una sucesión de CEOs en nuestra división de consultoría y *headhunting* nombraron a un empresario americano, experto en negocios de servicios basados en economías de escala. No nos unió prácticamente nada en nuestra filosofía del negocio.

A la empresa en España nos protegía de su intervención nuestra rentabilidad y modelo diversificado de negocio, cuyo éxito era indiscutible. El presidente del grupo intentó que fuera a Londres para replicar nuestra operación a nivel internacional, pero rechacé. Mi hija tenía 11 años, mi marido tenía su vida muy bien establecida en Madrid, y no íbamos a mudarnos como familia. En una cena en Londres, el presidente insistió, pero con un enfoque nuevo: *commuting* de lunes a jueves. Lo consulté con la familia —mi marido y mi hija siempre me han apoyado profesionalmente— y al final acepté. Estaba convencida de que hacía lo mejor para el negocio. Así empezaron mis casi cuatro años en el Reino Unido. Al año, me entregaron la dirección general de la compañía a nivel internacional y empezó mi presión por extender la magia de España al Reino Unido y recuperar la expansión internacional.

Consejera de una cotizada en Londres: bienvenida al Club

Las siguientes navidades, me invitaron a asistir a la cena del consejo de administración. Caminando hacia el club privado donde se celebraba la cena, el presidente me dijo con mucha ilusión, que había propuesto mi nombramiento como consejera del grupo cotizado. Se lo agradecí, y le dije que me lo tenía que pensar por ser una gran responsabilidad adicional que requeriría una dedicación importante cuando ya tenía mi plato bastante lleno con la dirección general de Norman Broadbent. Se acercó el anterior CEO para convencerme: «¡No es para tanto! Son reuniones mensuales de un par de horas. Te tienes que leer la documentación, pero es medio día como mucho y ya está». Les di las gracias y dije que lo consideraría. El presidente protestó: «¡Pero yo lo quería confirmar en la cena!».

En eso, llegamos a la puerta del club. Una puerta sin placa, sin ninguna señal que lo distinguiera por lo que era: uno de los clubs más selectos del West End, de estos fundados en la etapa de expansión empresarial de los 1830-40 en Londres. Abrió la puerta un empleado vestido de uniforme verde, de botones y charreteras doradas, un señor encorvado y vetusto que parecía haber estado allí desde que se fundase el club. Los consejeros se dirigían a la preciosa escalera de mármol curvilínea que nacía del hall de entrada. Cuando iba a seguirles, el portero me paró e indicó: «Señora, por aquí por favor». Me llevó a una puerta que daba paso a una escalera secundaria, escondida y estrecha, mandándome a la segunda planta. Era un club de caballeros, y a las mujeres se nos toleraba solo en ciertas zonas del edificio.

Cuando llegué arriba, me junté nuevamente con los consejeros y entramos en un salón precioso con techos de 3 metros rematados con cornisas blancas elaboradas y medallones en yeso blanco de personas famosas. Dominaba la sala una majestuosa araña de cristal, encendida y brillante. Pregunté al *chairman*, que era miembro del club, si venía con frecuencia a este sitio tan bonito. A lo que me dijo «No, este es el salón secundario donde pueden entrar mujeres. Yo siempre voy al principal».

Me senté a la mesa en el sitio que me habían designado. Estaba contrariada. Primero por la presión que me puso el presidente, lanzándome la invitación a ser consejero en un corto paseo, dando por supuesto que aceptaría y esperando una respuesta inmediata. Disgustada también porque en uno de los días más importantes de mi vida profesional, en el que me proponían entrar en el consejo de una empresa cotizada en el Reino Unido, un *sanctorum* exclusivo, ¡no podía ni siquiera subir por la misma escalera que ellos ni comer en el salón principal del dichoso club de caballeros! Mi indignación iba en aumento con cada plato, y no ayudó a mejorar mi humor la triste perdiz azulada y escuchimizada que me sirvieron y donde mordí un perdigón en el primer bocado. El único que parecía darse cuenta de lo ofensivo de la situación fue el anterior CEO de la empresa, el americano.

Quiero seguir creyendo que a esos hombres ni se les había pasado por la cabeza lo impropio de lo que allí se estaba escenificando. Nunca habían tenido una mujer en el consejo de administración. Debería haberme dado cuenta de que era un presagio de lo que sería la relación a futuro. Pero de repente, me di cuenta de lo absurdo que era la situación y me entró la risa. Pensé: «necesitan un poco de diversidad de pensamiento en este grupo. La daré yo». Me giré hacia el presidente y le dije «Simon, acepto la posición de consejera». En la siguiente junta general fui nombrada consejera ejecutiva en un grupo de 11 empresas de servicios cotizado en el AIM londinense (*Alternative Investment Market*).

En esta segunda experiencia como consejera, había llegado consciente de mi decisión y de la responsabilidad que asumía.

Me acuerdo de mi primer consejo de administración. Los papeles y la agenda llegaron con menos de 2 días, y pasé la noche en blanco para leerlos, entender los temas principales y prepararme. El comentario que hizo el ex CEO sobre la dedicación adicional que requeriría el consejo —«Solo te llevará medio día al mes» —era grotescamente infravalorado. Había información de cada uno de los 11 negocios, que nunca llegaba con más de 2 días de antelación. Los que hemos sido CEO sabemos lo que son estos informes, lo que destacas y lo que camuflas. Yo no conocía los otros 10 negocios del grupo, que eran muy diferentes al mío. Para poder primero entender y luego opinar, necesitaba empaparme de sus servicios, de su valor añadido, del modelo de negocio, de sus estrategias de crecimiento y necesidades de capital (OPEX y CAPEX), y de la agenda de cada director general. Durante mi permanencia en el consejo, jamás llegaron los papeles y el orden de día con más de 2 días, en sí un aviso para un consejero responsable.

Consciente de que estaba en un terreno en muchos sentidos desconocido, busqué formación en el Instituto de Consejeros del Reino Unido (Institute of Directors), especialmente en cuanto al funcionamiento de consejos de cotizadas, mi rol y responsabilidades. No tuve ningún acompañamiento ni mentoría ni proceso de acogida cuando me uní al consejo. Con la sabiduría que da la visión retrospectiva, debería haberlo exigido. No solo por los conocimientos formales, sino por entender la dinámica de ese consejo, los entresijos de dónde y cómo se tomaban decisiones, y qué empujaba a los diferentes grupos de interés a actuar de la forma que lo hacían.

Todo esto, enmarcado en una estrategia a nivel de grupo en la que no había participado en su preparación. La compra por parte del fondo de capital riesgo se había hecho de una manera bastante apalancada y siempre andábamos con el circulante al cuello. El presidente me había encargado replicar el modelo de éxito de España. Era extrapolable, pero necesitaba inversión. No encontraba eco en el consejo. El fondo favorecía negocios que parecían más escalables a corto plazo. No importaba cuál fuese el negocio. Otro aprendizaje: debía haber buscado un encuentro con el fondo fuera del marco del consejo para alinear sus expectativas y mis propuestas. Aunque encontré una alineación al final, me hubiera ahorrado mucho esfuerzo baldío.

Llegué a la conclusión, con cierto nivel de frustración, que Norman Broadbent como yo lo entendía no tenía futuro en ese grupo (que años después quebró, pero esa es otra historia). Estaba claro que se estaban tomando decisiones que comprometían el futuro de la empresa que yo representaba en el consejo. Planteé tres alternativas al consejo: vender la empresa a otra compañía especializada del sector; concentrarse solo en el Reino Unido y achicar la estructura; o franquiciar la marca para su expansión a nivel internacional. Bingo: la franquicia era un modelo escalable, sin los riesgos asociados al personal senior de una consultora, con mínimos costes de estructura adicional ante el crecimiento. Les convenció la propuesta, y me encargaron coger la maleta y empezar a vender franquicias.

Pero ya estaba harta del grupo, de los conflictos en el consejo, de las peleas entre las divisiones, del poco interés y respeto por la profesión de consultoría de liderazgo y búsqueda de altos directivos, de la continuada resistencia desde el consejo a apoyar el traslado del modelo de España a la matriz. También cansada de estar casi 4 años cogiendo aviones de madrugada el lunes y regresando a casa los jueves a las 11 o 12 de la noche. Les propuse que la venta de la franquicia lo hiciera otro, pero era necesario tener un modelo de éxito de franquicia. Me planteé hacer un *Management Buy Out* (MBO) del negocio en España. Con mis tres socios en España discutimos largamente los pros y cons, y también escenarios profesionales alternativos. Al final acordamos entre los cuatro luchar por el MBO. Dimití de mis funciones en el Reino Unido, y pasé al otro lado de la mesa para negociar la compra del negocio que no dejó de ser el más rentable del grupo hasta nuestra definitiva separación.

La tercera experiencia en gobierno corporativo: presidiendo el negocio post MBO

Desde la perspectiva del buen gobierno, es digno de estudiar un MBO. Seguía siendo consejera de la empresa en España y tenía la responsabilidad de defender el valor para sus accionistas. El conflicto de interés entre querer comprar a un precio de saldo y el tener que defender los intereses de los accionistas de una empresa cotizada en Londres me generaba retos en toda la negociación. La casa matriz no quería vender la 'joyita de la corona'. Aportaba un buen pellizco a la cuenta de resultados. Intentaron hacernos desistir, dividirnos a los cuatro socios, ofrecer participaciones minoritarias, negarse a negociar. Las negociaciones duraron 8 meses, y hubo un momento que se rompieron. Pero al final los cuatro gestores conseguimos el 80% de la sociedad española, la multinacional se quedó con un 20%, y firmamos un contrato de franquicia a 5 años. En la compra, nos repartimos el 80% a partes iguales entre los 4 gestores, creando un nuevo marco de funcionamiento que ha durado hasta hoy. Nos igualamos en salarios, consensuamos todas las decisiones claves, y repartimos la gestión. Se abrió un nuevo contexto de gobierno de la sociedad, con nuevos estatutos, ciertas protecciones para el socio minoritario, y un rigor aún mayor en toda la preparación de la información periódica.

Pasamos de la euforia de ser nuevos accionistas en octubre 2007 y tener nuestro mejor año de resultados en 2008, a la gran crisis financiera de 2009. Nuestro mercado en España cayó un 40% entre 2009-2010. En el ínterin, y como yo había propuesto cuando era consejera, el grupo BNB vendió Norman Broadbent a otra firma de *headhunting* del Reino Unido, también cotizada. Los nuevos dueños pretendían usar la marca como paraguas a negocios (otra vez) escalables, industrializados, etc... Nuestros caminos estratégicos cada vez estaban más alejados. Finalizamos el compromiso de los 5 años de franquicia y decidimos poner fin a relación. En 2014, compramos el resto de la compañía y cambiamos la marca a Talengo. Como presidente de la compañía, asumía la responsabilidad de mantener en todo momento los derechos del minoritario de acceso a la información, sus derechos de veto, y la consecución de un precio justo para sus accionistas, tanto el vendedor como los compradores.

Compramos nuestra independencia. Talengo hoy tiene cuatro oficinas en 3 países, formamos parte de una red internacional que está en los 5 continentes, y nos hemos posicionado como referente en el sector por nuestro modelo que sigue siendo innovador, rentable, sostenible y robusto. Hemos pasado por la crisis del 94, del 2000, del 2009, y ahora del 2020. Después de 10 años en el cargo de presidente dimití y otro de los socios fundadores preside ahora la compañía. Hemos dado entrada en el capital a dos socios profesionales, lo que ha requerido nuevamente una revisión de los estatutos y pactos de socios para respetar su posición de minoritarios. Tenemos un plan ambicioso de seguir nuestra diversificación y crecimiento en los próximos años y sin duda, el gobierno de la sociedad seguirá evolucionando.

Una cuarta experiencia: gobierno en asociaciones sin ánimo de lucro

En paralelo a mi actividad ejecutiva, también he formado parte de un consejo asesor de la filial española de una gran empresa tecnológica, soy patrona de una fundación emblemática dedicada a promover la inserción de los jóvenes en el mundo laboral, y he participado en el gobierno en la asociación que representa las firmas más representativas de *executive search* en el mundo, la AESC (https://www.aesc.org/).

La AESC representa a unas 300 firmas en más de 70 países a nivel mundial. Tuve el honor de servir a mi profesión durante casi 10 años en roles de gobernanza, primero a nivel regional en EMEA (vocal, tesorera, vicepresidente, presidente), y luego en el consejo global, donde seguí un camino similar hasta ocupar la presidencia y presidencia emérita con responsabilidad por la comisión de nombramientos y remuneraciones. Las empresas que son miembros de la asociación varían en tamaño desde grandes firmas cotizadas, a redes de firmas privadas y a empresas *boutique* de implantación local. Impulsar acciones que responden a los intereses de todos es un reto. La experiencia reforzó mi capacidad de gestión de la diversidad en torno a una mesa grande de colegas de profesión, que venían con puntos de vista e intereses a veces muy diferentes.

La labor de gobernanza en las asociaciones y fundaciones a veces es tan intensa como en las empresas con fines de lucro. En el caso de la AESC, me involucré en los siguientes avances de la asociación:

- Promoción del Código Voluntario de Diversidad (Varsovia, junio, 2013) por el que las firmas en EMEA nos comprometimos a observar una serie de prácticas para asegurar la integración de colectivos menos representados (entonces, el foco estaba en mujeres) en las candidaturas presentadas para posiciones de consejero.
- Integración de consejeros independientes en el consejo. Durante los primeros 50 años de la AESC, siempre nos habíamos regido con representantes de las firmas miembro. De esa manera, mirábamos siempre hacia dentro. Cambiamos los estatutos de la asociación e integramos a 2 consejeros externos por primera vez en el consejo global.
- Trabajé intensamente en los procesos de sucesión en los roles de alta dirección. Participé en el comité de selección para la nueva presidenta y CEO, sustituyendo al anterior que llevaba más de 20 años en el cargo. También en la selección del nuevo director financiero y de la nueva directora general de EMEA. Todo un proceso de relevo y de alineación en propósito y capacidades del equipo directivo de la AESC.
- Como tesorera en el consejo global, lideré una revisión de las clasificaciones de cuentas e impulsé la selección de un nuevo auditor de cuentas.

- Como presidente, aprendí lo crítica que es la relación con el máximo ejecutivo. Manteníamos conversaciones mensuales. Me tocó realizar dos evaluaciones de desempeño con ella, comunicar su remuneración variable en esos ejercicios, y negociar la renovación de su contrato laboral.

Esta experiencia ha enriquecido mi entendimiento de nuestro negocio. Me permitió desarrollar relaciones con colegas en todo el mundo, que fue instrumental en identificar el mejor encaje para Talengo en una comunidad global, Panorama, donde ahora formo parte de su consejo. Gracias a la AESC, descubrí mundo, conocí a personas muy especiales, y me hice mejor consejera.

Así que allí hay varios ejemplos de cómo llegar a un consejo de administración:

- Por un nombramiento sobrevenido
- Como consejero ejecutivo en una cotizada
- Como accionista
- Como vocal y presidente de una asociación

En cada momento y situación, he aprendido y sigo aprendiendo del rol del consejero y cómo puedo aportar a la organización y su sostenibilidad futura. He sido consejera por interés financiero, por querer controlar mi futuro, por complementar mi actividad ejecutiva, por poder impulsar mi profesión a nivel global, y por querer devolver algo a la sociedad que tanto me ha dado.

Y tú, **¿Por qué quieres ser consejero?**

CAPÍTULO 2
EL CAMINO A CONSEJERO

Cómo se accede a un consejo de administración

Los caminos a consejero arrancan desde diferentes puntos de partida. No todos los potenciales consejeros cuentan con la misma preparación y experiencia y hay perfiles diferentes desde donde optar a un puesto de consejero. Los contextos de diferentes nombramientos varían. Conviene conocer el universo de actores que manejan las vacantes y oportunidades y el rol que juega cada uno.

No hay un único mecanismo para llegar a ser consejero. Se llega por múltiples vías y no siempre por vocación. Por experiencia propia, se puede llegar a funciones de gobierno corporativo por el rol de máximo ejecutivo, como dominical en empresas participadas, por la vía de accionista, por la participación en una asociación profesional, como *senior advisor*, o como patrono en una fundación. Veamos estas vías con algo más de detenimiento.

Desde la vía ejecutiva

Una llegada habitual hacia los roles de gobierno corporativo es desde la actividad ejecutiva como CEO. Al formar parte del consejo, en adición a sus funciones de dirección y ejecución de la estrategia, el consejero delegado suma la responsabilidad de velar por los intereses de los grupos de referencia.

Al fundirse en la misma persona los roles de ejecutivo y administrador, se supone que se alinean los intereses y responsabilidades del equipo gestor con los de los accionistas. No es una función cómoda para el consejero delegado. Asume un trabajo adicional para el que posiblemente no se ha formado: no se trata de una simple continuidad de su rol ejecutivo. Además, se abre una peculiar dicotomía. Pasa a formar parte del cuerpo cuyo objetivo es cuestionar sus planteamientos, de facto, pasa a ser actor en la supervisión a sí mismo. En estos casos, el buen gobierno recomienda que el presidente del consejo sea no ejecutivo e independiente para equilibrar el balance del ejecutivo con la labor de vigilancia y control.

> «Lo más duro de ser consejera delegada es la gestión del consejo de administración. No te enseñan cómo hacerlo. He tenido la suerte de contar con buenos presidentes que me ayudaban y gestionaban a los demás consejeros. Todos los consejos los preparábamos juntos antes para conseguir sacar lo que queríamos luego en el consejo».

Como dominical, representando los intereses del grupo accionarial

En grupos empresariales, es habitual nombrar a altos directivos como consejeros de las empresas filiales y participadas. Cuando el control es del 100% de la empresa, estos suelen ser 'consejos de papel': es decir, se celebran las juntas y reuniones necesarias para cumplir la legislación vigente y aplicable. Cuando hay terceros en las participadas o se trata de una *joint venture*, el papel se vuelve más activo en cuanto al temario del orden del día y las decisiones a tomar.

Progresivamente, nuevas prácticas de buen gobierno están llegando a las filiales. Hay empresas, por ejemplo, las filiales de multinacionales en España, que antes contaban en sus consejos de administración con ejecutivos y consejeros dominicales. Desde 2015, la nueva Ley de Auditoría de Cuentas (https://www.boe.es/eli/es/l/ 2015/07/20/22/con) obliga a todas las empresas de interés público contar con una comisión de auditoría liderada por un consejero independiente. Las empresas de interés público son cualquier empresa que factura más de 2000M de euros y tiene 4.000 empleados, así como entidades de crédito, aseguradoras, empresas de servicios de inversión e instituciones de inversión colectiva, fondos de pensiones, fundaciones bancarias, entidades de pago y de dinero electrónico, emisoras de valores admitidos a negociación en mercados secundarios o el alternativo bursátil, y las filiales de grupos societarios inscritas en estas actividades.

> «Mi experiencia anterior fue representando la Caja en sus participadas, pero me sirvió luego para conseguir una posición como consejera independiente en una cotizada».

Por la vía de consejero independiente

La creciente regulación en torno a la responsabilidad de los administradores de las sociedades, recogida en la Ley de Sociedades de Capital (LSC) aprobada mediante el Real Decreto Legislativo 1/2010, de 2 de Julio, y en el Código de Bueno Gobierno de las Sociedades (https://www.cnmv.es/ DocPortal/Publicaciones/CodigoGov/CBG_2020.pdf), impulsa la incorporación de consejeros independientes en los consejos de administración. Los independientes se acercan a la mitad de los consejeros de las sociedades que cotizan en España, y las empresas privadas empiezan a emular su ejemplo.

«Tras mi salida de la corporación, pensé en qué podría ser o no ser. Aunque llevaba muchos años de experiencia como consejero dominical, nunca tuve formación. Empecé a hacer cursos del ICA. Vi que la carrera de consejero independiente tiene recorrido y contenido».

La limitación de mandatos para mantener la independencia y las recomendaciones respecto a diversidad han generado la entrada de muchos más consejeros noveles en los consejos de administración. Llegar al primer consejo como independiente es una proeza, pero una vez que se tenga un primer consejo, se vuelve más fácil que lleguen otras oportunidades. Ya se cuenta con el «sello de aprobación» de un tercero que ha probado la valía del consejero.

Por la vía de inversor

Ser inversor de cierto peso es una vía directa al gobierno de la sociedad. Cuando un empresario arranca su actividad, suele asumir los roles de máximo ejecutivo y apoderado único o presidente del consejo. Al dar entrada a otros inversores, se va modificando la composición del consejo según el peso relativo en el capital de la compañía, hecho que se puede regular a través de los estatutos de la sociedad y en la figura del consejero dominical.

En el caso de los *start ups*, se dan las figuras del *angel investor* y del *senior advisor*. El inversor aporta capital y está muy ligado al negocio en sí, mentorizando al emprendedor en el negocio, prestando ayuda para captar financiación, orientando procesos y políticas, y atrayendo recursos hacia la sociedad. El asesor tiene un rol igualmente activo en la gobernanza y gestión de la sociedad, siendo frecuente que se compensa su aportación con acciones en la nueva compañía.

La vía del voluntariado y asociacionismo

La figura de patrono dentro de una fundación es una posición de gobierno con las mismas responsabilidades que un consejero, salvo que no es remunerada. En las ONG normalmente se da prevalencia a la capacidad de ayudar en la atracción de fondos o en una ayuda muy cercana al equipo directivo, asumiendo tareas cuasi ejecutivas. Ser un miembro activo y contribuir a iniciativas concretas de la institución es un camino para recibir una invitación a formar parte del patronato. De manera similar, en el mundo asociativo frecuentemente no hay una estructura ejecutiva importante, sino que el avance de la mayoría de las actividades es por participación de los miembros en su ejecución. Se confunden frecuentemente la figura de consejero con la realización de proyectos concretos. Aunque esto sea así, no obstante, brinda una oportunidad de conocer y aplicar el marco estatutario y legal con las mejores prácticas.

Otra situación más mundana es la presidencia de una casa de vecinos o de un club. Probablemente son de las responsabilidades menos agradecidas por ser el punto de mira de las múltiples reclamaciones de los vecinos o miembros del club. Pero no deja de tener también sus responsabilidades reputacionales, económicas y penales, llegado el caso. Llegar a consenso y gestionar diferentes grupos de intereses, dentro del marco de los estatutos de la comunidad es un excelente campo de prácticas.

Ser miembro de una familia empresaria

Según el Instituto de Empresa Familiar (www.iefamliar.com), más de un millón de empresas son familiares en España, cerca del 90% del total. Uno de sus grandes retos es la sucesión en la gobernanza a medio-largo. En el fundador se reúnen en una única persona tanto los lazos familiares como las tres esferas de poder: propiedad, gobierno, y dirección ejecutiva. Al sustituir al fundador, el reparto de funciones se puede complicar si hay varios hermanos, y más aún en la tercera y posteriores generaciones. Las familias mejor asesoradas establecen un protocolo familiar, para regular las relaciones profesionales y económicas entre la familia: quiénes pueden heredar acciones, ostentar puestos en el consejo, y actuar como ejecutivos en la sociedad. Se separa así la filosofía de la familia ante la empresa, la gobernanza puramente empresarial y los roles de dirección ejecutiva.

Las posiciones de gobernanza societaria se suelen repartir por ramas familiares y en una proporción establecida. Prepararse a ser consejero en la empresa familiar conlleva no solo la formación en el negocio de la empresa y el marco regulatorio y legal de la función de administrador. El consejero en una empresa familiar asume una responsabilidad por la herencia, el legado familiar, y los valores que la familia quiere trasladar a futuras generaciones. No siempre hay reglas de juego escritas para esto. Depende mucho de la educación recibida y los valores vividos en el seno de la familia empresaria.

Cuáles son los perfiles que pueden optar a entrar en un consejo

La llegada a un consejo más obvia es como consejero en otra organización. Las posiciones de consejero son de confianza. Se busca minimizar los riesgos en un nombramiento y aumentar los aciertos. Por ello, el que ya se aporte experiencia en la función y otra entidad haya confiado ya en un profesional para entrar en su consejo de administración es un aval.

La reflexión de muchos consejeros consolidados es cuán difícil fue conseguir su primer consejo, después del cual, los demás vinieron más rodados.

> «Estoy en dos consejos en Francia. El segundo me vino por recomendación de un consejero en el primero, que me conocía y veía cómo funcionaba».

Otra función clásica desde la que saltar al gobierno corporativo es como máximo ejecutivo de la organización. Como hemos visto anteriormente, es habitual ampliar gradualmente los poderes del director general, incluyéndolo como apoderado en sociedades hasta llegar a tender una invitación a formar parte del consejo de administración de la organización. En las búsquedas de consejeros independientes, la experiencia en la dirección general de un negocio es una de las más valoradas.

Los que son o han sido máximos ejecutivos de empresas y CEO, son la comunidad de mayor presencia relativa entre los consejeros. Para poder supervisar a un máximo ejecutivo, ayuda mucho haber sido máximo ejecutivo, saber lo que es llevar una cuenta de resultados y un balance, diseñar y ejecutar una estrategia, tener que dar resultados, vivir y sobreponerse a las crisis. Los consejeros delegados ya aportan experiencia en consejo, así que combinan los dos lados de la ecuación. Los directores generales o directores de división han tenido que reportar ante el consejo: saben lo que se pide, qué se valora, y como reportar.

> «Con mi pinta (menudita, mujer), no esperan en el consejo que sea yo quien saque los temas duros de restricción de costes, de reducción de la producción, temas de operaciones, cuestionar y no aprobar los presupuestos porque sí... He sido CEO, sé lo que es preparar un presupuesto y presentar los resultados: no quieres engañar, pero te engañas a ti mismo».

Otro camino habitual es a través de carreras financieras. El lenguaje de los consejos de administración es financiero, siendo un requisito moverse con soltura por los balances, las cuentas de resultados, los flujos de caja, etc. El ABC de cualquier consejero es saber leer e interpretar las cuentas financieras, tanto lo que dicen como lo que no dicen, dónde puede haber riesgos de desviaciones, oportunidades de mejora y posibles acciones correctoras. Los directores financieros traen experiencia en el justo equilibrio del balance entre endeudamiento y capacidad de generación de caja. Pueden entender sencillos o complejos mecanismos de financiación, vienen con una red de contactos tejida en torno a su reputación, y pueden ser de utilidad en operaciones de compra y adquisiciones, búsqueda alternativa de financiación y equilibrio entre la seguridad y la tensión de tener que estar pendientes de generar *cashflow* positivo. Al otro lado de la mesa de los directores financieros se encuentran los banqueros, valorando para consejos especialmente aquellos con experiencia en la banca de inversión o corporativa, y los socios de firmas de capital riesgo. Son expertos en los mecanismos necesarios para 'abrir el grifo', para conseguir financiación para inversiones y operaciones estratégicas orientadas sobre todo al crecimiento.

El consejero debe velar por la vigilancia de riesgos y la creación de mecanismos preventivos ante posibles impactos lesivos para la sociedad y su capacidad de operar. Asimismo, el consejero tiene la responsabilidad de proyectar una imagen fiel de la marcha de la sociedad. Este es el espacio de los auditores, y más recientemente, de personas expertas en el cálculo y prevención de riesgos como los expertos en seguros. Los auditores aportan perfiles necesarios para presidir la comisión de auditoría, perfiles muy valiosos. Están habituados a asegurar la presentación de unas cuentas e información fieles a la realidad. En las firmas externas de auditoría, los socios aportan un profundo conocimiento técnico, fundamental para este rol, aparte de experiencia en el examen y defensa de las cuentas de sociedades variadas ante sus principales grupos de interés. Están habituados ya a la interlocución con consejos de administración y especialmente sus comisiones de auditoría.

Una función esencial del consejo es retar y ayudar a formular la estrategia. Otra puerta de entrada a los consejos, aunque menos mayoritario, es de los consultores expertos en estrategia. Su llegada puede ser primero como asesores externos para luego entrar en el gobierno corporativo. Quienes hayan sido claves en la formulación de una estrategia acertada, en la generación de una alianza clave, o en el cierre de una operación corporativa compleja a veces son llamados a formar parte de un consejo asesor o del propio consejo de administración. Son personas cuya relación con la presidencia sobrepasa la aportación de servicios puntuales y se convierte en una aportación sostenida a la marcha de la sociedad. Esto es especialmente frecuente en las empresas privadas y de menor tamaño.

Prácticamente no hay sector ni actividad que no haya sido impactado por la disrupción tecnológica (*e-commerce*, inteligencia artificial, IOT, *blockchain*, metaverso). La tecnología acelerada impacta en la estrategia y supervivencia de los negocios, cambia los modelos de producción y reta la sostenibilidad a futuro. En paralelo a las oportunidades de negocio que esto produce, están los riesgos relacionados con la ciberseguridad y la obsolescencia de conocimientos. Se han multiplicado entre nuestros mandatos de búsqueda las peticiones de un consejero digital. Pero ¿cómo se define esto? No se trata de tener en un consejo de administración un *hacker* o un nativo digital veinteañero, sino personas experimentadas en valorar las oportunidades tecnológicas que pueden potenciar los negocios y los riesgos que traen consigo. Saben formular las preguntas oportunas a los directivos, expertos y asesores externos para calibrar el riesgo y las oportunidades desde el consejo. Este es el espacio de los CIO (directores generales de sistemas, los CISO (directores de seguridad) y los CTO (directores de tecnología). Los altos directivos de grandes empresas de tecnología aportan a su vez una visión de las tecnologías emergentes y como podrán potenciar negocios existentes e impulsar oportunidades a futuro.

Si algo nos ha enseñado el covid-19 y la pandemia, es la enorme interconectividad global y la fragilidad de las compañías y los gobiernos. Antes, la internacionalización era una manera de crecer, de ampliar mercado. Hoy es, sobre todo, una exposición al riesgo. Quienes hayan tenido la experiencia de construir operaciones exitosas en otros países, de generar una red robusta y sostenible de negocio internacional, de entender y empatizarse con distintos reguladores y culturas sin perder la esencia ni la ética son personas valiosas en los consejos de administración.

Otra experiencia solicitada es en la administración pública o vida política. Se ha hablado mucho de la puerta giratoria entre la política y la empresa, pero pensemos en porqué se da. Cuando dejó de ser primer ministro Margaret Thatcher, aceptó ser consejera independiente de una gran corporación tabaquera. Para el consejo de un negocio regulado y con presencia en todo el mundo, quién mejor que un ex primer ministro con conocimiento de cómo funcionan los gobiernos y un tarjetero global en la punta de los dedos. Se planteó la misma situación con la entrada de dos ex presidentes de España en los consejos de administración de sendas compañías eléctricas. Nuevamente, un sector regulado con alta involucración de la administración en su marco de funcionamiento y ambas empresas con operaciones internacionales. Se puede cuestionar la línea fina entre relaciones y favores en que se tienen que mover estas personas, pero ¿qué mejor que contar con la experiencia y las relaciones de dos personas que habían sido actores de primer nivel en el entorno geopolítico?

Quienes hayan desarrollado una actividad de alto nivel en la administración pública están habituados a entornos regulados, a relacionarse con grandes organizaciones, a moverse entre problemas macroeconómicos, y a aplicar el marco de la ley. Saben cómo se toman las decisiones desde el ojo público, y sus conocimientos son muy aplicables a sectores críticos como la banca, la energía, y la sanidad. Por sus responsabilidades suelen tener acceso a personas de relevancia tanto en el sector público como en el privado, sobrepasando en el caso del gobierno central las fronteras del país.

> «Yo no busqué consejos. Me encontraron a mí. Había estado en diferentes direcciones generales relacionadas con política económica y era consejera en entidades públicas de crédito y de regulación».

Los consejeros tienen que tomar decisiones razonadas. Especialmente en materias como las finanzas y el contexto legal. Por ello, los perfiles académicos encuentran su espacio en los consejos de administración. Aportan conocimiento técnico y experto en sus campos de especialización, normalmente como economistas y abogados. Por su perfil de investigadores, aportan capacidad analítica, de manejo de datos voluminosos para extraer información valiosa, razonamiento científico y la experiencia en formular opiniones sustentadas. La carrera académica también ha sido uno de los mecanismos para incorporar a mujeres en consejos de administración cuando se carecía de perfiles de alta dirección y gobierno corporativo.

En la fecha en que se escriben estas líneas, surge la sostenibilidad. La creciente regulación en materia de información no financiera, medio ambiente, contaminación y cambio climático, el interés de los inversores en financiar empresas con marcadas políticas ESG (ambientales, sociales y de gobernanza), y la presión de los grupos de interés que impactan la licencia social de una empresa para operar han llevado a consejos a crear comisiones específicas de sostenibilidad. Desde 2021, empresas con más de 250 empleados y un activo en balance superior a 20M de euros están obligados a presentar el Estado de Información No Financiera (EINF). Es responsabilidad del consejo verificar y supervisar la evolución de sus empresas en sus actividades de ESG, algo para lo que las comisiones de auditoría no estaban formadas anteriormente. Se buscan a personas que aporten al consejo una visión estratégica de los riesgos y oportunidades que ofrecen los marcos de sostenibilidad en la empresa. Un ejemplo es la propia CNMV que en febrero de 2021 incorporó como consejera de la Comisión a una experta en finanzas sostenibles de un banco europeo de inversión.

Dentro del marco de comercialización de servicios y productos, en un entorno ya multicanal y complejo, personas que entienden de marca y cómo llegar a diferentes grupos de interés pueden aportar visión estratégica al consejo. Empezamos a ver llegar al consejo personas expertas en marketing/comunicación y comercial. Me llama la atención la escasa presencia de los expertos en dirección de recursos humanos en los consejos de administración. Los sistemas de remuneración e incentivación de la alta dirección son complejos y necesariamente han de alinearse con conocimientos del negocio. La necesidad de reorganizar, optimizar, y alinear estructuras es un constante en las estrategias empresariales. Los riesgos de operación ligados a la sucesión de personas clave, es otro factor clave desde el consejo. Todo es materia que entra de pleno en las responsabilidades de las comisiones de nombramientos y remuneraciones. Animamos a los profesionales del área de recursos humanos a elevar sus miras y aprender a encuadrar desde una visión de gobierno corporativo su aportación a la consecución de resultados, control de riesgos, y monitorización de la labor de los máximos directivos.

Cuál es el tamaño del mercado al que te diriges
....

El número de posiciones de consejero en empresas de cierta dimensión es relativamente acotado. A comienzos del 2021, según el Directorio Central de Empresas DIRCE del Instituto Nacional de Estadística (https://www.ine.es/prensa/dirce_2001.pdf) en España había 3.366.570 empresas activas. Somos un país de pequeñas empresas: de ellas menos del 1% superan los 250 trabajadores y 50M de facturación que es la definición de gran empresa. Entre esas 30.000 empresas, solo un 3% cuentan con más de 1000 empleados y un 0,005% con más de 4999 empleados. Dicho esto, todas las empresas deben responder a legislación en cuanto a su gobierno corporativo. Hay un proceso gradual de institucionalización de las empresas privadas, pero, aun así, el control del accionariado inclina la balanza más hacia consejeros ejecutivos y dominicales y perfiles de *senior advisors* que no tienen responsabilidades legales de consejero.

Hay 121 empresas que cotizaban en España en 2021, contando con 1266 consejeros. En las empresas más pequeñas, un tercio eran consejeros independientes, mientras que en el IBEX 35 el 67% de los consejos contaban con mayoría de independientes. La dimensión del mercado de nombramientos en 2021 era de 122 consejeros, siendo el 60% de ellos personas nuevas en el cargo. De ellos 3 de cada 4 fueron nombrados como independientes. Como se ve claramente, las posiciones de consejero entre las cotizadas no son numerosas, aunque hay una tendencia a aumentar el porcentaje de independientes.

El mercado al que te diriges es un universo finito. No es, ni de lejos, tan amplio como el abanico de posiciones ejecutivas de alto nivel, muchas de las cuales pagan infinitamente mejor. Entonces, ¿cómo se mueve este universo finito y exclusivo? ¿Cuáles son las puertas de entrada a este club tan exclusivo?

Quién influye en las decisiones de nombramiento

El acceso a las posiciones de consejero no es fácil ni es necesariamente transparente. Tu excelente trayectoria anterior como ejecutivo de éxito ya no es suficiente para llevarte al siguiente nivel. Cambian las reglas de juego. Contar con una reputación sin tacha y una trayectoria de éxito son condiciones necesarias, pero no son suficientes. Entramos en el espacio de tu visibilidad: el estar conectado con personas cercanas al gobierno corporativo de las sociedades. No obstante, en este proceso es menos importante a quién tú conoces y mucha más quién te conoce a ti, y en qué facetas. Empecemos por ver quiénes son los actores principales en este mapa de acceso a un consejo de administración.

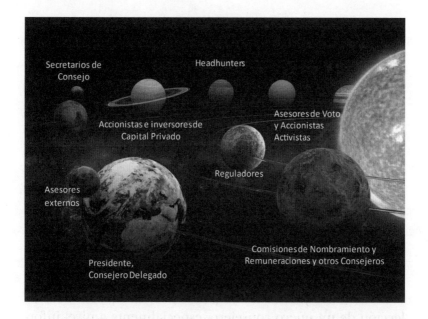

Hay un universo de grupos de interés que influyen en o controlan los nombramientos y ceses de consejeros. Cada grupo tiene un rol diferente y un peso específico en el proceso, siendo mucho mayor en algunos casos que en otros.

Presidente, CEO

En el gobierno corporativo, España es un país presidencialista. Contrario a las prácticas de buen gobierno que abogan por dividir la posición de máximo ejecutivo de la posición de presidente, todavía se concentra el deber de supervisión y vigilancia y el rol de ejecución en la misma figura: el presidente ejecutivo. El presidente elige el equipo con quien quiere jugar la partida. Es humano querer rodearse de personas conocidas y fieles que en un momento de crisis ni dudarán del liderazgo ni se bajarán del barco. Por ello, el primer creador de oportunidades para entrar en un consejo de administración es el presidente, especialmente si es ejecutivo y más aún si tiene una participación importante en el accionariado. Para identificar candidatos para cubrir vacantes en el consejo, es práctica habitual que el presidente se apoye en conocidos, personas 'de confianza' de su entorno próximo y de los grupos de interés que quiere tener alineados.

También hay presidentes que, observando las recomendaciones de buen gobierno, proactivamente buscan la diversidad e independencia en su consejo, y observan las prácticas sugeridas por los códigos para la identificación y selección de los nuevos consejeros. Delegan todo el proceso en la Comisión de Nombramientos y Remuneraciones, asumiendo posteriormente sus recomendaciones.

El máximo ejecutivo suele participar en el proceso de selección de un nuevo consejero, especialmente a nivel informativo para explicar la estrategia que se persigue, la gestión que se está realizando y los hitos importantes que requieran la alineación del consejo. Si es consejero a la vez que ejecutivo, su voz y voto pesan en la valoración del candidato.

Llama la atención que en los Estados Unidos muchas veces es el propio CEO que propone la lista de posibles consejeros que mejor piensa le puedan ayudar. Va en sentido contrario a las mejores prácticas de vigilancia y control del equipo directivo esta práctica, algo así como que los prisioneros gestionen la cárcel, pero sigue siendo práctica extendida.

Comisiones de Nombramientos y Remuneraciones (CNR)

Dentro del consejo, las CNR suelen tener la responsabilidad formal de evaluar la composición del consejo de administración, identificar *gaps*, y proponer los perfiles necesarios a incorporar cuando toque un cambio de consejero. Con una matriz de competencias (*skills matrix*) en mano, o sin ella, la CNR describe un perfil general y también especifico respecto a las incorporaciones a realizar y es responsable de iniciar, tutelar y culminar el proceso de selección y nombramiento de nuevos consejeros. Siendo esta la teoría, la práctica es que la CNR puede operar de tres maneras:

1. La CNR valida una candidatura propuesta directamente por el presidente o en caso de un dominical, por el inversor de referencia.
2. La CNR reúne propuestas de todos los consejeros y sus propias fuentes, y luego evalúa los méritos de cada persona para hacer una propuesta al consejo.
3. La CNR contacta con una empresa especializada, le facilita el perfil buscado, y luego evalúa las candidaturas generadas por este tercero, haciendo su recomendación al consejo respecto al nuevo consejero a incorporar.

Secretarios del consejo

Como guardianes del cumplimiento normativo y legislativo, los secretarios están al tanto de cuando finalizan los términos de los consejeros, las renovaciones necesarias y las sustituciones requeridas por agotar el periodo máximo de independencia. A veces participa con la CNR en la evaluación del funcionamiento del consejo y, por ello, tiene una visión clara de la matriz de competencias y los perfiles a reforzar con nuevas incorporaciones.

El rol de secretario, habitualmente no consejero, es un rol de confianza del presidente. Se dan casos, (entre ellos, alguna gran institución financiera), en los que el presidente le pida opinión al secretario ante futuras vacantes y cuente con él para identificar posibles 'aconsejables' en el mercado.

Posiblemente, los secretarios no sean la puerta más obvia para encontrar oportunidades en Consejos. Pero por su rol, los secretarios son como los eunucos en el harén: saben cuándo toca rotar y a quiénes, y pueden dar una visión adelantada en el tiempo de vacantes que surgirán antes de que se ponga en marcha el proceso de selección.

Headhunters

El uso de asesores externos en la identificación y evaluación de candidatos a posiciones de consejero independiente es un proceso extendido, especialmente entre las empresas de mejores prácticas de buen gobierno, aunque no sea la costumbre mayoritaria entre todas las empresas. Cuando se cuenta con una firma especializada, se introduce un factor de independencia en el proceso de evaluación. Aunque lo habitual es contratar tanto la identificación como la selección de potenciales candidatos, hay veces que se contrate a la firma solo para validar el perfil de un candidato identificado por el consejo por sus propios medios.

Una firma especializada en la identificación de consejeros puede aportar al proceso de selección y nombramiento varios aspectos importantes:

- Operar con independencia. Una firma externa no está sesgada por los intereses de ningún grupo en específico y sí tiene presente los intereses generales de toda la sociedad cuando realiza el proceso de identificación, selección y valoración de los potenciales candidatos.

48

- Introducir el tema de diversidad en la agenda. El Código de Buen Gobierno (revisión Junio, 2020), recalca en su recomendación 14 la importancia de que la política de selección de consejeros «...c) Favorezca la diversidad de conocimientos, experiencias y género».
- Retar la descripción de posición y perfil. En la búsqueda de una mayor diversidad, el consultor ayuda a pensar más allá de un perfil obvio, buscando alternativas de perfiles con competencias transferibles al rol de consejero en el contexto de la sociedad contratante. En este proceso, se anima al consejo a pensar más allá de solo el criterio de género.
- Ampliar el colectivo de talento. Por su experiencia en otras búsquedas y contacto constante con altos directivos y consejeros, una firma especializada puede acceder a grupos diferentes y círculos más amplios que los que pueda conocer el consejo.
- Mantener rigor en el proceso de evaluación por parte del consejo. Al entrar varias personas en el proceso de entrevistas y evaluación, es posible que se introduzcan elementos y sesgos que no tienen que ver con lo esencial para el perfil buscado. Recordar los factores críticos de evaluación a lo largo del proceso ayuda a generar consenso entre los entrevistadores.

Los procesos de búsqueda de consejeros son diferentes a los procesos de ejecutivos. Se espera que el Consultor ya tenga un buen conocimiento de los potenciales candidatos, lo que requiere un trabajo continuo y proactivo en la preidentificación de este talento especial, y escaso en cuanto a algunos perfiles emergentes (tecnología, sostenibilidad...). No todas las firmas hacen esta inversión continua, sin tener mandatos activos. La lista de empresas especializadas en la selección de consejeros es relativamente corta: en España, somos menos de una decena las firmas reconocidas y experimentadas en estas búsquedas.

Asesores externos

Especialmente en empresas medianas y no cotizadas, el presidente suele pedir referencias a sus asesores de confianza, como su banquero, abogado corporativo, y a veces, auditor.

> «Llegué a este consejo porque un banquero de inversión me había visto como abogada en múltiples transacciones de M&A, y me recomendó a la compañía como experta en procesos de crecimiento vía adquisición».

A veces, este asesor acaba siendo incorporado como consejero de la sociedad, siendo frecuentemente un banquero, abogado, asesor fiscal o consultor.

> «Me dijo el presidente: 'En tres generaciones eres la primera persona de fuera de la familia que se sienta aquí en el consejo'. Entré primero porque les asesoraba en temas de consumo, conozco su mercado, el mercado internacional, entiendo del negocio».

El regulador

La CNMV no nombra consejeros, pero sí influye en el tipo de perfil que es apto para una cotizada y en los procesos recomendados para la selección, nombramiento y composición de los consejos de administración (Código de Buen Gobierno, recomendación 14). Insiste en el análisis previo de las necesidades concretas detrás del próximo nombramiento de consejero. Esto forma la base necesaria para generar el perfil contra el que se valora la idoneidad de los candidatos potenciales y la eventual decisión de nombramiento.

Las regulaciones impuestas por el Banco Central Europeo impactan especialmente en la composición de los consejos de las entidades financieras, dejando poco espacio para incorporar perfiles que no sean super especialistas en alguna de las materias reguladas.

Accionistas e inversores de capital privado

Destacamos el auge de los inversores de capital privado en la captación de valor empresarial. Los montos invertidos a nivel mundial a través de fondos, firmas de capital riesgo, y otros inversores privados ya superan los niveles de inversión en la bolsa, debido a los resultados superiores que se consiguen. La selección de un consejero para una participada empieza seis a nueve meses antes de cerrar una compra, durante el proceso de *due diligence*. Se cuenta con un directivo experimentado en el sector o tipología de negocio para afinar el plan de negocio y validar el razonamiento de la inversión. Si se cierra la operación, se puede invitar a esta persona a formar parte del consejo de administración, bien como presidente o vocal, con la posibilidad de coinvertir. Estos consejos son más operativos que enfocados al cumplimiento, requieren de 1-2 días a la semana de dedicación, y se caracterizan por un sentido de urgencia y practicidad en la generación de valor. Se busca alinear al consejero con el fondo y, al contrario de la práctica con consejeros independientes, los consejeros suelen tener incentivos económicos ligados a la desinversión.

Otra manera de pensar en el acceso a un consejo de administración es contemplar la composición del consejo desde la mirada de un inversor. ¿Cuál es la distribución del capital y qué presencia tienen los grupos de accionistas en el consejo de administración? La proporción de capital que un inversor tiene en una sociedad suele tener su representación alícuota en el gobierno de esta. En estos casos, la puerta de entrada a un consejo es en representación de los intereses de un bloque inversor. Nuevamente, son nombramientos de confianza. Sin duda, hay una oportunidad para empezar a introducir más consejeros profesionales en posiciones de dominical. Dicho esto, se recomienda que aún con una concentración importante del capital en manos de pocos accionistas, se nombre un 30% de consejeros independientes.

Inversores activistas y los asesores de voto

Cada vez es más importante en las grandes empresas la vigilancia ejercida por los asesores de voto (*proxy advisors*) y los inversores activistas. En 2021, la presión ejercida por un inversor minoritario resultó en la destitución del presidente de la firma multinacional de gran consumo, DANONE. Bajo la dirección del presidente, quien a su vez ostentaba el cargo de consejero delegado, se arrastraban años de resultados financieros peores de los deseados y sin una tendencia clara de mejoría. El inversor activista argumentó la necesidad de separar los roles de presidente y máximo ejecutivo. Se debatió en el consejo si dejar al presidente en su función de supervisión y buscar un nuevo CEO, pero nuevamente el activista consiguió alinear los apoyos necesarios a favor de la renuncia del presidente de todos sus cargos, la búsqueda de un nuevo CEO, y el nombramiento entre los consejeros independientes de un nuevo presidente.

A diferencia de la actitud pasiva que tradicionalmente tomaban los inversores institucionales, los inversores activistas buscan influir directamente en la estrategia de las empresas, en su gestión y en los aspectos de gobernanza y sostenibilidad de la sociedad. Su objetivo es de mejorar los resultados de la compañía y, por tanto, de su inversión. Como se ha visto en el caso de DANONE, entre otras medidas, los activistas ejercen su presión impulsando cambios en el equipo directivo y en el consejo. Durante la primera mitad de 2022, según un estudio de la banca de inversión Lazard (https://www.lazard.com/perspective/lazard-s-h1-2022-review-of-shareholder-activism/) los inversores activistas habían forzado el cambio de más de 70 consejeros en sus empresas portfolio. En España, hay presencia en nuestras cotizadas de algunos inversores con perfiles activos o muy activos en otros países, pero aún su presencia es poco disruptiva. De momento, sus propuestas han estado focalizadas en políticas de medioambiente y cambio climático y la retribución del consejo de administración.

Los asesores de voto (*proxy advisors*), también realizan una labor importante de asesoramiento al inversor para promulgar una mayor transparencia y responsabilidad en el gobierno de las sociedades. Tienen un carácter independiente y su objetivo es ayudar a inversores a tomar mejores decisiones en el ejercicio de su voto en la gobernanza de las empresas de su portfolio. Aportan datos, investigación y recomendaciones respecto a las decisiones sujetas a voto en las juntas generales anuales, por ejemplo, en temas de gestión, compensación, operaciones corporativas, o gobierno corporativo.

Vistas las diferentes vías para llegar a ser consejero, los perfiles que pueden tener encaje, y los agentes que mueven las oportunidades, es momento de entender cuál es exactamente el trabajo del consejero y cómo es su día a día.

CAPÍTULO 3
EL TRABAJO DEL CONSEJERO

La Ley de Sociedades de Capital es la norma jurídica que regula el funcionamiento de las sociedades de capital en España. En su apartado VI sobre el Consejo de Administración de la Sociedad, establece que la función de los consejeros es la gestión y representación de la sociedad.

Para los directivos que aspiran a ser consejeros debería quedar claro el significado de 'gestión' que se menciona en la ley. Al contrario del rol directivo de ejecutar estrategias y planes, el consejero no ejecuta. El consejero ayuda a formular la estrategia, reta al máximo ejecutivo en sus objetivos y monitoriza su logro, supervisa el cumplimiento legal, y vela porque se tengan en cuenta los intereses de todos los grupos de interés. Pero es el máximo ejecutivo quien gestiona directamente el negocio. Dar ese paso atrás, asimilar que el consejero debe facilitar que otros hagan que las cosas ocurran, es uno de los mayores ajustes conceptuales que tiene que hacer un exitoso ejecutivo con vocación a convertirse en consejero.

> «Cuando el CIO empezó a presentar la estrategia tecnológica al consejo, detecté en seguida algunos errores en su planteamiento. Sabía exactamente lo que había que hacer y se lo empecé a decir: otro consejero amablemente intervino y luego después, me recordó mi sitio como consejero y ya no como el CIO que fui de una gran corporación».

Las funciones del consejero

Todos los consejeros tienen responsabilidad de velar por los intereses de todos los grupos interesados (incluye accionistas) de la sociedad. Dentro del consejo, se reparten diferentes roles a parte de los vocales: la presidencia, la vicepresidencia, el consejero coordinador (si lo hubiese), las presidencias de las comisiones, el secretario, y el consejero delegado (si lo hubiese).

La definición más clara y práctica que he visto de las funciones del consejero y de los cargos específicos la recoge el Instituto de Consejeros-Administradores en su *Guía práctica del consejo de administración* (Instituto de Consejeros-Administradores, Madrid, segunda edición, febrero 2022, páginas 57-62). Se agradece al instituto el permiso de reproducir aquí su texto sobre las funciones comunes a todos los miembros del consejo y las funciones adicionales específicas del presidente, vicepresidente, consejero coordinador, consejero delegado y secretario del consejo.

Funciones del consejero individualmente considerado

«Los consejeros podrán ser personas físicas o jurídicas y, salvo que los estatutos de la sociedad contemplen disposición en contrario, para ser nombrado consejero, no es necesaria la condición de accionista o socio.

Todo consejero es responsable, personalmente, de desempeñar una serie de funciones. Parte de estas funciones son comunes para todos los miembros del consejo, con independencia de los cargos que tengan en él o de su carácter de ejecutivos, dominicales o independientes. Aquéllos que, además de ser consejeros, desempeñen algún papel especial en el consejo, tienen además, funciones adicionales específicas, derivadas de su cargo.

Particularidad del consejero persona jurídica

Cabe la posibilidad de que una sociedad nombre consejero a una persona jurídica (esto ya no es posible en empresas cotizadas). En este supuesto, será necesario que se designe a una sola persona física para el ejercicio permanente de las funciones propias del cargo. Lo dispuesto para los consejeros personas físicas será de aplicación para los representantes personas físicas de los consejeros personas jurídicas.

Funciones comunes a todos los miembros del consejo

El consejo de administración tiene una serie de funciones y facultades que ostenta, al más alto nivel, como órgano de representación y dirección de la sociedad. Esta alta función requiere que los consejeros, individualmente considerados, asuman determinadas funciones, algunas de las cuales se enumeran a continuación:

- Actuar de acuerdo con las reglas y principios previstos en las leyes, en los estatutos y demás normativa interna de la sociedad y en las normas y prácticas de buen gobierno que sean aplicables a la empresa, con particular atención, para el caso de las sociedades cotizadas, a las recomendaciones contenidas en el Código de Buen Gobierno publicado por la Comisión Nacional del Mercado de Valores.
- Ejercer las competencias de su cargo con la debida transparencia, conforme a normas y principios éticos y asumiendo plenamente las responsabilidades, de todo tipo, que puedan derivarse de su conducta.
- Velar, en sus actuaciones, por los intereses de todos los accionistas, sin distinción. Evitar cualquier posible

abuso de unos frente a otros, de forma que los intereses del conjunto de la sociedad prevalezcan siempre frente a los intereses particulares de cualquier grupo, mayoritario o minoritario, aunque éste sea el que le ha propuesto como consejero.

- Asumir como propias y contribuir personalmente al desempeño eficaz de las funciones del consejo, colectivamente considerado y a la ejecución de sus facultades. (...) Desde la perspectiva del consejero individual, podemos destacar tres tipos de responsabilidades:

  - Cumplir con el marco legal actual: (i) deberes de los consejeros (diligencia, lealtad, secreto); (ii) derechos (información, remuneración) y responsabilidades en materia mercantil, tributaria o penal; y (iii) las que se derivan de las funciones fundamentales del consejo y de sus implicaciones prácticas.
  - Buscar, de forma permanente, la posibilidad de añadir valor al conjunto del consejo en el desarrollo de sus funciones, tanto a través del conocimiento y preparación de los temas sustantivos, como de una actitud genuinamente independiente, rigurosa y constructiva.
  - Mantenerse debidamente informado sobre los cambios externos (estratégicos, de gestión, legislativos o de gobierno) que puedan afectar a la empresa y a su consejo.

- Contribuir, mediante su actuación personal, al funcionamiento eficaz del consejo como grupo de trabajo. Esta amplia función, forma parte del deber de diligencia y conlleva una serie de responsabilidades relevantes a título individual:

- Asistir asiduamente a las reuniones, lo cual, tal y como se ha puesto de manifiesto previamente, constituye un deber de los consejeros.
- Recabar la información necesaria y estudiar los temas a tratar en el consejo.
- Contribuir a que los debates sean enriquecedores y permitan extraer el pleno potencial de todos los consejeros.
- Exigir que los procesos de decisión, control y en general, de gestión del consejo, se sigan con rigor.

• Responsabilizarse plenamente de sus propias actuaciones:

- Mantener el principio de «no aprobar aquello que no se entiende o no se conoce, o con lo que no se está de acuerdo».

De conformidad con el sistema de impugnación de acuerdos previsto por la ley y la normativa propia de cada sociedad, dejar constancia en acta, si es necesario, de su oposición a aquellas decisiones que considere lesivas para los intereses de la empresa, aportando las razones de su desacuerdo (...) llegado el caso, y si se dan las circunstancias que lo justifiquen, presentar su dimisión, explicando las razones que la motivan.

Funciones adicionales específicas del presidente del consejo de administración

El presidente del consejo, como responsable del eficaz desempeño de su cargo, tiene la responsabilidad primordial de asegurar el correcto funcionamiento del consejo. Cabe destacar que es posible que el presidente del consejo pueda ser un consejero ejecutivo de la sociedad, salvo que los estatutos sociales dispusieran lo contrario.

El presidente del consejo debe ser el impulsor de la aplicación de prácticas de buen gobierno y exigir que éstas se respeten en todos los ámbitos de la Empresa. Le corresponden las siguientes funciones adicionales a las de todo consejero:

- Convocar, presidir y establecer, el orden del día de las reuniones del consejo, tomando en consideración, en su caso, las posibles sugerencias del consejero delegado y demás consejeros, en relación a los puntos a incorporar, adicionalmente, a dicho orden del día.
- Velar porque los consejeros reciban, con carácter previo al consejo y con la antelación debida, toda la información relevante, adecuada y actualizada, que sea razonablemente necesaria en relación con los diversos puntos del orden del día.
- Hacer que las reuniones de consejo sean productivas y efectivas, estimulando un debate activo en el que participen todos los consejeros, salvaguardando la libre exposición de sus opiniones y su libre toma de posición respecto de los temas debatidos.
- Asegurarse de que el consejo 'gobierne' y no, simplemente, 'gestione' la sociedad, es decir, que no se inmiscuya, indebidamente, en las tareas ordinarias que son competencia de la dirección de la empresa.
- Hacer que los consejeros ejecutivos, dentro del consejo, miren más allá de sus funciones ejecutivas ordinarias y actúen como miembros del Órgano Colegiado de Gobierno de la Sociedad.
- Conseguir que los consejeros, en especial los no ejecutivos, hagan una contribución efectiva a la marcha de la sociedad.

- Impulsar, decididamente, el desarrollo de las funciones del consejo.
- Mantener un diálogo permanente con todos los consejeros y demás cargos directivos de la Sociedad.
- Presidir la junta general, salvo disposición contraria en los estatutos sociales, y asegurarse de que las reuniones de la junta se organicen y se desarrollen adecuadamente.
- Si así lo tiene asignado, actuar como cabeza visible de la sociedad y relacionarse, en nombre y representación de ésta, con accionistas, inversores institucionales, reguladores y demás agentes externos.

Funciones adicionales específicas del vicepresidente, en su caso

También merece la pena detenerse brevemente en las funciones particulares que, además de las que tiene por ser consejero, desempeña el vicepresidente del consejo de administración, en caso de existir. Esta figura puede ser muy relevante en los momentos de crisis, especialmente cuando haya cuestiones relativas a la sustitución del primer ejecutivo. Además, se encarga de presidir el consejo en caso de vacante, ausencia o enfermedad del presidente.

En el caso de que, en la sociedad, no haya consejero coordinador, puede asignarse al vicepresidente, siempre que no sea ejecutivo, algunas de las funciones del consejero independiente coordinador, en particular:

- Coordinar reuniones con los consejeros no ejecutivos.
- Coordinar el plan de sucesión y de la evaluación del presidente.

Funciones adicionales específicas
del consejero coordinador, en su caso

Cuando se trate de una sociedad cotizada, y en el caso de que el presidente tenga la condición de consejero ejecutivo, el consejo de administración, con la abstención de los consejeros ejecutivos, deberá nombrar, necesariamente, a un consejero coordinador, de entre los consejeros independientes, que estará especialmente facultado para lo siguiente:

- Solicitar la convocatoria del consejo de administración o la inclusión de nuevos puntos en el orden del día de un consejo ya convocado.
- Coordinar y reunir a los consejeros no ejecutivos.
- Dirigir, en su caso, la evaluación periódica del presidente del consejo de administración.
- Intervenir en los momentos de crisis, especialmente, cuando haya cuestiones relativas a la sustitución del primer ejecutivo.

Funciones adicionales específicas del consejero delegado

Cuando los estatutos de la sociedad no dispusieran lo contrario y sin perjuicio de los apoderamientos que pueda conferirse a cualquier persona, el consejo de administración podrá designar de entre sus miembros a uno o varios consejeros delegados, estableciendo el contenido, los límites y las modalidades de delegación. El modo de llevar a cabo esta delegación puede ser amplio, sin embargo, entre sus funciones, destacan las siguientes:

- Elaborar la propuesta de plan estratégico con la ayuda de los equipos directivos, para su discusión y eventual aprobación por el consejo.

- Asegurarse que cuenta con un equipo directivo adecuado.
- Dirigir el día a día de la compañía, liderando al equipo directivo y a los empleados.
- Ejecutar y desarrollar los planes operativos en línea con los objetivos marcados por el consejo, así como analizar las posibles desviaciones y adoptar medidas correctivas a las mismas.
- Asegurarse de la correcta ejecución de las decisiones del consejo.
- Asegurar el buen funcionamiento de la organización y de los sistemas de planificación y control.
- Asegurar que los objetivos y reglas de actuación sean comprendidos y observados por directivos y empleados.
- Mantener un diálogo fluido y constante con el presidente y con el conjunto del consejo.

Funciones adicionales específicas del secretario del consejo

El consejo de administración, previo informe de la Comisión de Nombramientos y Retribuciones, designará a un secretario y, en su caso, a uno o varios vicesecretarios. Para desempeñar las funciones de secretario o vicesecretario, no es preciso tener la condición de consejero de la sociedad. Además de otras funciones asignadas por los estatutos sociales o el reglamento del consejo de administración, el secretario debe desempeñar las siguientes:

- Conservar la documentación del consejo de administración, dejar constancia, en los libros de actas del desarrollo de las sesiones y dar fe de su contenido y de las resoluciones adoptadas. En este sentido, debe:

i. Facilitar y promover el buen desarrollo de las sesiones del consejo;

ii. Asistir al presidente en la convocatoria y elaboración del orden del día de las reuniones del consejo;

iii. Incorporar las actas, una vez aprobadas, a los correspondientes libros oficiales;

iv. Velar por la inscripción en los registros públicos competentes de los acuerdos del consejo que así lo requieran;

v. Dar fe de las resoluciones adoptadas por el consejo, mediante la emisión de certificaciones con el visto bueno del presidente.

- Velar porque las actuaciones del consejo de administración se ajusten a la regulación aplicable y sean conformes con los estatutos sociales y demás normativa interna, asesorando al consejo en todos los temas de naturaleza legal o estatutaria relacionados con las normas de buen gobierno corporativo.

- Asistir al presidente para que los consejeros reciban, con la antelación suficiente, toda la información que sea relevante para el ejercicio de sus funciones».

En España, los consejeros tienen diferentes consideraciones: los externos, que incluyen los independientes, los dominicales y otros, y los ejecutivos. Los independientes no tienen ni relación laboral ni de propiedad con la sociedad. Según la Ley de Sociedades de Capital en el artículo 529 duodecies, son quienes «designados en atención a sus condiciones personales y profesionales, puedan desempeñar sus funciones sin verse condicionados por relaciones con la sociedad o su grupo, sus accionistas significativos o sus directos». Según el mismo artículo de la LSC, los dominicales son consejeros nombrados específicamente por un grupo de accionistas «que posean una participación accionarial igual o superior a la que se considere legalmente significativa o que hubieran sido designados por su condición de accionista, aunque su participación accionarial no alcance dicha cuantía, así como quienes representen a accionistas de los anteriormente señalados». Los consejeros ejecutivos realizan funciones de dirección en la sociedad. También se da la figura de otros consejeros externos que no se pueden calificar ni como independientes ni como dominicales según los criterios de la ley aplicable (LSC). La casuística varía. En muchos casos se trata de externos que han superado los 12 años de mandato máximos para considerarse independientes.

El funcionamiento del consejo

En septiembre 2022, la CNMV ha publicado datos sobre el gobierno corporativo de las 121 empresas cotizadas en España. (*Informes de gobierno corporativo de las entidades emisoras de valores admitidos a negociación en mercados regulados, Ejercicio 2021*, Comisión Nacional del Mercado de Valores, https://www.cnmv.es/DocPortal/Publicaciones/Informes/IAGC_2021.pdf). El informe entra en detalle sobre las prácticas de gobierno corporativo de las sociedades, el funcionamiento de las juntas generales de accionistas, las estructuras de los consejos de administración y sus comisiones, información financiera, sistemas de control, y también tendencias internacionales en materia de información de gobierno corporativo.

Capto una pequeña 'radiografía' cualitativa y cuantitativa de los consejos de las cotizadas según el informe:

- El tamaño medio de un consejo en España es de 10,2 miembros. El número de miembros varía según el tamaño de la compañía, siendo la moda en el IBEX 35 de 12 miembros (tendencia a la baja en los últimos 4 años), mientras que la moda entre las sociedades no IBEX es de 7 miembros.
- Los consejos se reúnen una media de 11,3 veces al año (sin contar las comisiones). El promedio de reuniones anuales de la comisión de auditoría es 8, y de la comisión de nombramientos y remuneraciones es 6.
- Entre las 121 compañías, hay 1226 consejeros, estando más del 34% de ellos en el IBEX 35.
- La edad media de los consejeros está en 60,6 años.
- Destaca el alza en el número de mujeres en los consejos, alcanzando el 29,3% en 2021, lo que supone un aumento del 9% sobre el 2020 (26,9%). La tendencia es clara (en 2017 el porcentaje de mujeres en cotizadas fue del 20,3%), pero no se ha cumplido la recomendación de la CNMV de contar con el 30% en el ejercicio 2020 y parece lejos el objetivo del 40% en el año 2022.

En 2021, el 60% de los nombramientos de consejeros en las cotizadas fueron noveles que se estrenaban en la función. Puede parecer intimidante a quienes no tengan una formación jurídica dominar el marco legal y el alcance completo de la profesión de consejero. Afortunadamente las empresas con buenas prácticas de gobierno corporativo cuentan con una serie de herramientas para ayudar al consejero a enmarcar y realizar adecuadamente su labor. Más allá de la legislación aplicable, se cuenta con los estatutos sociales de la sociedad y, en las empresas mejor gobernadas, el reglamento del consejo de administración, un código ético y un código de conducta respecto al mercado de valores. En el caso de las cotizadas, esta información es pública y se recoge en sus páginas web. Como estos marcos son de obligado cumplimiento por el consejero, es importante conocerlos antes de aceptar el nombramiento. Un documento especialmente instructivo, si la compañía dispone de él, es el Reglamento del Consejo de Administración, donde típicamente se recoge la siguiente información: la finalidad y misión del consejo, la composición del consejo en términos cuantitativos y cualitativos (número y categorías de consejeros, cualificaciones, incompatibilidades), la estructura del consejo (roles y órganos delegados o comisiones), formas de adoptar acuerdos en reuniones, designación y cese de consejeros, la información a la que tiene derecho el consejero, su remuneración, los deberes del consejero, y las políticas de comunicación del accionista con terceros (accionistas, el mercado, auditores, instituciones). Las corporaciones también publican los reglamentos de las comisiones del consejo (auditoría, nombramientos, remuneración). Algunas sociedades cuentan con un manual de políticas sobre los procesos de inducción, asuntos administrativos, la estructura del consejo y sus procesos de funcionamiento, y relaciones entre el consejo y el equipo ejecutivo. Antaño esta información estaría recogida en papel: ahora suele residir en un portal (*on-line*) del consejero, junto con comunicaciones formales.

Simplificando el funcionamiento de un consejo, el trabajo del consejero se cristaliza en reuniones que se convocan de una manera regular según los asuntos a tratar. Desde 2021, la actualización de la Ley de Sociedades de Capital amplía el número mínimo de reuniones de una a cuatro, independientemente del tamaño de la sociedad. Las reuniones son convocadas por el presidente (si bien en casos de conflicto, un tercio de los consejeros pueden convocar una reunión sin el visto bueno del presidente). El secretario del consejo realiza la convocatoria, enviando el orden del día con los puntos a tratar y decisiones a tomar en su caso, así como la información de soporte necesario. El tiempo de antelación para la convocatoria y envío de información varía según la empresa, pero se suele contar con un plazo de 3-5 días. Los consejos se pueden celebrar presencial o telemáticamente, asegurando la identidad del consejero, y siempre que se cuente con un *quorum* (la mayoría) de los vocales. Durante el consejo, el secretario toma notas suficientemente detallados para reflejar la dinámica de la discusión en torno a las decisiones tomadas, especialmente en los casos donde hay disensión de opinión. Al final, se redacta el acta y se comparte con los consejeros para su aprobación. Para el consejero, es especialmente importante asegurar que el acta refleje correctamente el discurso de la reunión ya que, en caso de demandas legales, es el acta la que sirve de base para dilucidar responsabilidades. Este proceso se repite en las reuniones convocadas de las comisiones especializadas.

El consejo prepara y comparte un calendario anual con las fechas de sus reuniones para asegurar la máxima disponibilidad y asistencia de sus consejeros. Su lugar de celebración es la sede social de la compañía, siendo una buena práctica combinar las reuniones formales del consejo y sus comisiones con encuentros 'en el terreno' para que los consejeros puedan formar una visión más informada y cercana del negocio.

> «Se suelen programar las reuniones de las comisiones el día anterior al consejo, para así concentrar el trabajo en esos 2- 3 días. A veces se combinan las reuniones del consejo con visitas a algún centro de la empresa para conocer la operativa de primera mano y poder hablar con los directivos. Puede ser media jornada o un día completo, especialmente cuando viajemos al extranjero».

El año del consejo discurre por unos hitos fijos que se deben celebrar siempre. El primer trimestre es de trabajo intenso para las comisiones de auditoría y de nombramientos y remuneración. En los primeros tres meses del año, se formulan las cuentas de la sociedad del ejercicio anterior, contando para ello con el informe de los auditores externos en su caso. Se presenta con las cuentas el informe de gestión que explica la evolución de la empresa durante el año, sus actividades económicas y financieras, sus principales hitos y los objetivos conseguidos. Adicionalmente, se presenta el estado de información no financiera, anexo al informe de gestión, que aporta datos sobre aspectos medioambientales, la gestión de los empleados, políticas en derechos humanos, gestión de riesgos, sostenibilidad, y otros aspectos relacionados con la responsabilidad social. En los primeros seis meses del año, se celebra la Junta General Anual —a la que deben asistir los consejeros— para aprobar las cuentas y el informe de gestión presentados y para ratificar la gestión del consejo. Aparte de otros puntos del orden del día, la junta confirma los nombramientos propuestos por el consejo de administración de nuevos consejeros y la renovación, en su caso, de consejeros cuyo mandato haya finalizado. Más allá de estos hitos obligatorios, el calendario se diseña en torno a los asuntos estratégicos de la sociedad y el trabajo de sus comisiones, siendo habitual agendar una reunión al año *off site* para realizar una revisión profunda de la estrategia del negocio junto con el máximo ejecutivo y personas claves de la directiva.

El mejor apoyo para hacerse con el funcionamiento del consejo es el secretario o vicesecretario del consejo, quienes dominan no solo la letra de la ley sino también la liturgia particular del gobierno en la empresa.

Conocimientos, habilidades, atributos y formación

Como toda profesión, el trabajo de consejero requiere de conocimientos y habilidades. Ambos se pueden adquirir y desarrollar. Los conocimientos básicos para un consejero son: las funciones del rol, el contexto legal del gobierno corporativo, estrategia, gestión empresarial, finanzas, y gestión de riesgos. Todos estos conocimientos son fundamentales, y es importante que el consejero independiente cuente con un dominio suficiente de ellos para poder aportar valor dentro del consejo y como miembro de cualquiera de las comisiones.

Más allá de estos conocimientos fundamentales, se valoran áreas especialistas como: tecnologías emergentes, ciberseguridad, dinámicas de geografías y mercados, palancas de negocios específicos, entornos regulados, o sostenibilidad. Años de ejercicio ejecutivo son los mejores avales en estas disciplinas, si bien se puede profundizar en conocimientos a través de programas específicos para consejeros o maestrías. En todo caso, no hay que confundirse: el dominio de un área de *expertise* no exime al consejero independiente de dominar el bloque de conocimientos fundamentales necesarios para ejercer la función de consejero con solvencia.

En adición a los conocimientos formales, el consejero debe reunir unas habilidades para poder interactuar y contribuir de una manera positiva al funcionamiento del consejo. Destacamos como las principales habilidades, o competencias, de la función: la visión estratégica, el pensamiento crítico y criterio para formular una opinión propia, capacidad de indagación y escucha, impacto e influencia en las relaciones, la búsqueda de consenso, la orientación a resultados, y capacidad de valorar el riesgo.

Y por completar el perfil, hay una serie de atributos personales que se encuentran en los mejores consejeros. Los distingue una ética y lealtad a su cometido que desarrollan con vocación. Son personas ecuánimes y humildes, en el sentido de que no se sienten en posesión absoluta de la verdad, si bien también defienden sus opiniones con robustez e independencia. Son personas generosas, que se conocen por su entrega y disponibilidad en tiempos críticos. Dentro de un contexto de mutua confianza, saben contribuir y retar amablemente, para que un equipo alcance su mejor versión. Esto sin perder la autenticidad de la personalidad que les caracterice.

Las habilidades y atributos del consejero son tan importantes como los conocimientos formales para su posible encaje y aportación a un consejo de administración. Hicimos una búsqueda de un consejero independiente para presidir la comisión de auditoría de una entidad financiera. Ese rol requiere una gran capacidad técnica, no solo contable y financiero, sino también sectorial por su singularidad y alta regulación. El universo de potenciales candidatos era pequeño por los pocos bancos que quedan en España, fruto de tantas fusiones. Las normas que regulan los conflictos de interés también limitaban mucho la búsqueda. El perfil óptimo era un consejero con experiencia en banca pero no ejerciendo en otra entidad en ese momento, o un ex socio de auditoría especializado en el sector, cuya firma no había auditado nuestro cliente en los últimos 2 años. Estuvimos satisfechos de poder presentar entre los candidatos finalistas a dos socios de las *big 4* que reunían las condiciones necesarias para ser independientes y con una importante capacidad técnica. Pero ninguna de los dos prosperó. Como auditores, su actividad profesional consistía en generar una opinión independiente sobre las cuentas de sus clientes y defenderla ante todos los grupos de interés (comisiones de auditoría, consejos, juntas de accionistas, CNMV, Banco de España, BCE). Habían desarrollado egos robustos para poder imponerse en situaciones de conflicto. Pero no habían fomentado tanto su capacidad de escucha, de contemplar opiniones diferentes o disonantes a la suya, y de integrar diferentes puntos de vista para llegar a decisiones colectivas. Chocaron con la cultura de ese consejo, que era muy de diálogo, de contemplar puntos de vista divergentes, y de perfiles bajos con una actitud humilde en el desempeño de sus funciones del mejor gobierno corporativo de la entidad.

La formación de consejero es uno de los temas que más me preguntan los aspirantes a la profesión. Hay una amplia oferta formativa tanto en el extranjero como en España para estudiar gobierno corporativo. Aunque los programas varían, el temario suele abarcar: el marco legal y las obligaciones del consejero; cómo se organiza un consejo de administración con sus roles principales y las comisiones; aportación al planteamiento estratégico, análisis financiero y de inversión; auditoría y control; y análisis y gestión de riesgos. Surgen temarios nuevos como sostenibilidad, reportes no financieros, ciberseguridad y el impacto de nuevas tecnologías. No todos los programas incluyen segmentos sobre las habilidades del consejero y la dinámica de trabajo en un consejo de administración, a mi entender tan fundamentales como los conocimientos en la preparación de un consejero.

Los aspectos que diferencian los programas son:

- Perfil del profesorado. Hay tres perfiles que se encuentran en estos programas: académicos, profesionales y asesores y, consejeros en activo. Según el origen del programa, hay tendencias a dar mayor peso a unos profesionales sobre otros.
- Facilidad de acceso online, eventos híbridos, y en presencia.
- Metodología: sesiones magistrales, trabajos en equipo, solución de casos, role play (*practicum*), encuentros con expertos.

- Oportunidad de desarrollo continuado y *networking* post programa. Algunos programas dan acceso a formación continuada posterior, mientras otros no tienen la infraestructura o el interés en mantener esta comunidad de sus egresados.
- Duración de los programas. Pueden extenderse desde 3-4 meses hasta un año académico completo.
- Coste. Para un programa de un ciclo académico, los precios oscilan (a fecha de escribir estas líneas) entre unos 8.000 y 10.500 euros.

Hay características de los diferentes programas que los hacen más o menos atractivos, según tus prioridades, calendario y objetivos. En España, el programa más vetusto, diseñado para estar al día en temas regulatorios y legales, lo lanzó el Instituto de Consejeros y Administradores (IC-A) en su certificación. El instituto ofrece programas abiertos de certificación y programas diseñados *ad hoc* para empresas que desean formar a sus directivos y consejeros. Representante español en la Confederación Europea de Asociaciones de consejeros (www.ecoda.org), el IC-A anticipa las tendencias en buen gobierno gracias a esta visión internacional, realiza una importante labor divulgativa, sirve de representación y opinión de sus miembros ante la administración pública y sociedad civil, y provee de actualización continua a sus miembros (www.iconsejeros.com). Las escuelas de negocio se han aliado con firmas de las *big 4* para ofrecer programas, de los cuales los más asentados son del IESE con KPMG y la Asociación Española de Directivos (www.iese.edu/es) y ESADE con PWC (www.Esade. edu). Son programas más prácticos, que combinan teoría y academia con la experiencia de consejeros que ejercen la función. Varias universidades españolas también han lanzado sus programas, así como asociaciones y empresas privadas. Un ejemplo es el programa '*Board in Progress*' que imparte Talengo con Deloitte Legal desde hace varios años y al que se accede vía invitación. Al final, lo mejor para tomar una decisión es hablar con egresados sobre sus experiencias y considerar tus objetivos en la formación antes de tomar una decisión.

> «Si pudiera volver atrás, habiendo sido dominical muchos años, me habría formado. No lo hice hasta que opté por dedicarme a ser consejero independiente».

Dedicación y tiempo
....

Desde aquella tarde que el antiguo CEO de Norman Broadbent me dijo «no te preocupes, solo te va a quitar medio día al mes» a hoy, la dedicación en tiempo que supone ser un consejero diligente y leal ha aumentado sustancialmente.

> «Por cada día de Consejo, dedico otros dos días, normalmente uno antes y otro después, a hacer seguimiento».

La lectura y revisión de paquetes de información e informes amplios, el análisis para tomar decisiones complejas, la pertenencia a las comisiones, las conversaciones con altos ejecutivos y, en paralelo, mantenerse al día de las noticias y tendencias que puedan impactar el negocio… todo suma. En varias organizaciones, no es infrecuente hasta 2 días de dedicación entre consejo y comisiones, sin contar con el tiempo de preparación anterior y seguimiento posterior.

> «Por compromiso con mis dedicaciones ejecutivas pedí NO estar en la comisión de auditoría que es lo que más tiempo requiere. Justo es donde me colocó el presidente. Pero si no llego a entrar en auditoría, no hubiera llegado a entender de qué va este negocio, que es muy complejo».

Si bien el tiempo a dedicar varía según la complejidad de la organización y el número de consejos y comisiones celebrados, la realidad es que cada consejo puede suponer más de 120 horas al año para consejos ubicados en España. Cuando se trata de organizaciones internacionales que celebran consejos en diferentes países, el tiempo de desplazamiento puede doblar esa cifra.

> «Dedico 2-3 días al mes a cada consejo y con el tiempo de las comisiones y otras reuniones, al final dedico prácticamente una semana».

Cuánto se paga a un consejero

La relación del consejero con la empresa es mercantil. Puede estar regulada por un contrato de servicios extendido por la empresa o directamente se basa la relación en el nombramiento formal de la junta de accionistas. En cualquiera de los casos, el consejero tiene la obligación de crear un vehículo a través del que puede facturar sus servicios, responsabilizarse de las liquidaciones pertinentes de impuestos e ingresos, y gestionar sus aportaciones a la seguridad social. Sí que debe aportar la empresa un seguro para administradores (*Directors and Officers*) que protege a los consejeros y máximos ejecutivos de posibles demandas legales respecto al ejercicio de sus funciones.

Las remuneraciones se desglosan principalmente en retribución fija y dietas por asistencia a comisiones y consejos, en el caso de los externos no ejecutivos, pero también pueden incorporar remuneración variable, sistemas de ahorro y otros. Los consejeros ejecutivos suelen tener salarios fijos más altos, un componente variable más importante a corto y largo plazo, así como otros beneficios y acuerdos de indemnizaciones en caso de relevarle del rol. Los informes no financieros deben recoger las retribuciones globales de los consejeros tanto ejecutivos como externos. La responsabilidad por la definición de la retribución global del máximo ejecutivo y por la valoración de su desempeño es del consejo, siendo vigilada y propuesta por la Comisión de Nombramientos y Remuneraciones. En el caso de la retribución del consejo, los estatutos de la sociedad han de estipular que el cargo es retribuido y explicitar el sistema de remuneración que se aplicará. La Junta General de Accionistas aprueba un monto total para la retribución de los apoderados, y es el propio consejo que determina su distribución en base a las funciones y responsabilidades de cada consejero.

Reproducimos unos datos seleccionados del último informe de las retribuciones de las empresas cotizadas en España en 2021 preparado por la CNMV en base a la información no financiera facilitada por las 121 sociedades cotizadas. (*Informe de remuneraciones de los consejeros de las sociedades cotizadas Ejercicio 2021. Comisión Nacional del mMercado de Valores* https://www.cnmv.es/DocPortal/Publicaciones/Informes/IARC_2021.pdf).

El informe es detallado y amplío. Incluye datos para consejeros ejecutivos y externos, un desglose por tipología de ingresos y por distintas dedicaciones, nuevas tendencias en el ámbito de gobierno corporativo, y datos pormenorizados por diferentes sectores de actividad y niveles de capitalización. En general, cuánto más alto el nivel de capitalización, más alta la retribución de los consejeros.

Según la CNMV, la retribución media anual en 2021 de los consejeros no ejecutivos y externos de las cotizadas fue de 167.000 euros, siendo de 108.000 euros para las cotizadas que no pertenecen al IBEX 35, y de 269.000 euros para las del IBEX. La retribución se reparte entre compensación fija y variable, y en menor porcentaje, dietas, sistemas de ahorro y otras estructuras.

Si bajamos al detalle de la remuneración media citada antes, vemos que varía de una manera significativa según las funciones y responsabilidades del consejero. Vemos que los independientes cobran de media 139.000 euros, 88.000 entre los consejeros de las empresas más pequeñas, y 202.000 euros para consejeros del IBEX, mientras el presidente no ejecutivo cobra de media 575.000 euros, siendo 985.000 en el IBEX y 346.000 fuera del IBEX.

Remuneración media anual de los consejeros No Ejecutivos/Externos:

167.000€ Media   269.000€ IBEX   108.000€ No IBEX

Distribución de la retribución:

Fija	41% IBEX	56% No IBEX
Variable	31% IBEX	25% No IBEX
Dietas	3% IBEX	7% No IBEX
Sistemas Ahorro	7% IBEX	4% No IBEX
Otras	6% IBEX	8% No IBEX

Remuneración de los consejeros no ejecutivos, según funciones y responsabilidades:

Presidente no ejecutivo, promedio

575.000€ Media   985.000€ IBEX   346.000€ No IBEX

Consejeros Dominicales, promedio

97.000€ Media   138.000€ IBEX   83.000€ No IBEX

Independientes, promedio

139.000€ Media   202.000€ IBEX   88.000€ No IBEX

Otros externos

332.000€ Media   702.000€ IBEX   162.000€ No IBEX

En las empresas privadas, las compensaciones de los consejeros externos varían según el tamaño de la empresa y el número de consejos al año. En las de menor dedicación, la remuneración puede variar entre 35-50.000 euros. En las de mayor tamaño y dedicación, la remuneración puede variar entre 70-100.000 euros.

> «Estoy en dos consejos de administración. En la empresa familiar, cobro unos 4.000€ por consejo, y hay 9 o 10 consejos por año. En la cotizada, que es mediana, cobro 6.000€ más dietas por consejo, pero estoy en todas las comisiones porque soy la única independiente en estos momentos».

En el caso de las fundaciones, el rol de patrono no es remunerado.

Evaluación del funcionamiento del consejo

Un equipo que aspira a un alto nivel de rendimiento, valora con cierta regularidad 'qué tal lo estamos haciendo', con el propósito de seguir construyendo sobre sus fortalezas y construir mecanismos de mejora. En este mismo espíritu, el buen gobierno recomienda a las empresas (y la legislación mercantil obliga a las sociedades cotizadas) a realizar una evaluación anual del funcionamiento de su consejo de administración y de sus comisiones. Esta evaluación puede ser interna, si bien se recomienda que por lo menos cada 3 años la realice un asesor externo para aportar una visión independiente del funcionamiento y desempeño del órgano de gobierno.

El propósito de la evaluación no es buscar una puntuación. Es un ejercicio vivo de aprendizaje y alineación del trabajo del consejo con las prioridades en cada momento de la sociedad. Bien ejecutado, puede influir significativamente en el rendimiento y las prácticas del consejo, llevando incluso a cambios que impactan los resultados de la empresa y el valor para los accionistas. El proceso de evaluación lo lidera preferentemente la Comisión de Nombramientos y Remuneraciones (CNR), a veces con el apoyo del secretario, y se estructura sobre una valoración que realizan los consejeros del conjunto del consejo y (mucho menos frecuente en España) de los consejeros a título individual. Se evalúa la efectividad del funcionamiento del consejo de administración y de sus comisiones, la adecuación de su composición y tamaño, la calidad de la información recibida, la adecuación de la agenda marcada para cada reunión respecto a los asuntos a tratar y el tiempo dedicado a cada uno de ellos, la dinámica del consejo y de sus debates, los conocimientos y capacidades de los consejeros, el rol del presidente, y de los presidentes de las comisiones, y la actuación del primer ejecutivo. Con esto se puede valorar si el consejo tiene la composición adecuada y se lidera correctamente, si los consejeros colectiva e individualmente son eficaces en el cumplimiento de sus obligaciones, y si hay procesos robustos que cumplen con las mejores prácticas de gobierno corporativo. Se identifican las fortalezas y oportunidades de mejora del consejo en su conjunto y, a veces, de los consejeros individualmente. Lo más valioso de la evaluación está en su carácter de mejora continua, y en el desarrollo de acciones posteriores que permitan optimizar la contribución del consejo al funcionamiento de la empresa y al servicio de todos sus grupos de interés.

Las valoraciones se recogen mediante cuestionarios estructurados que permiten puntuar el nivel de cumplimiento o adecuación, y añadir comentarios adicionales de aclaración o evidencias. Existen modelos estándares que se pueden adquirir, si bien un cuestionario a medida de la organización arrojará información más alineada con sus propósitos y necesidades. Cuando hay un evaluador externo, suele celebrar entrevistas personales con cada uno de los consejeros para ahondar en los resultados del cuestionario y profundizar en las fortalezas y en las causas raíz de las áreas de mejora identificadas. Para contrastar la dinámica del consejo y las aportaciones de los consejeros, se puede observar un consejo real, si bien esta práctica es más común en países anglosajones y nórdicos que en España. El asesor externo redacta un informe con los resultados y sus conclusiones respecto a las fortalezas y áreas de mejora del funcionamiento y composición del consejo y de sus consejeros. Se presentan los resultados del conjunto a la CNR y luego al consejo en su conjunto, compartiendo a nivel individual, en su caso, los resultados de la evaluación a título personal. Es responsabilidad de la CNR marcar un calendario para realizar las acciones de mejora acordadas y velar por su seguimiento:

> «Valoro en los asesores externos que llamen para tomarme la lección a los 6 meses de realizar la evaluación, para saber cómo estamos dando seguimiento a las recomendaciones de mejora».

En mi experiencia diseñando procesos de evaluación, la gran mayoría de los consejos en España piden solo la evaluación y conclusiones grupales, obviando una valoración individual de cada consejero. No todos son así. Es señal de madurez que un consejo quiera recabar y compartir información individual de sus miembros. Un equipo maduro está abierto al debate, practica una exigencia mutua de compromisos, y se fija altos estándares.

> «La evaluación es un ejercicio de honestidad en el que el consejo como órgano colegiado demuestra su vulnerabilidad y se mira a los ojos».

Diversidad en el consejo

Existen múltiples estudios e investigaciones que atestiguan el valor de la diversidad y su impacto en las organizaciones. La diversidad en un equipo senior, bien gestionada desde un liderazgo de inclusión, impacta en los indicadores financieros (ROI, EBIT, crecimiento), acelera la innovación, afianza la gestión del riesgo, mejora la toma de decisiones, aumenta la valoración de los clientes, mejora la sostenibilidad de la organización, y actúa como un imán para el abanico completo del mejor talento. Con el afán de capturar las ventajas de la diversidad e inclusión dentro del gobierno corporativo, la recomendación 14 del Código de Buen Gobierno de la CNMV propone:

> «Que el consejo de administración apruebe una política de selección de consejeros que: (…) c) Favorezca la diversidad de conocimientos, experiencias y género. (…) Y que la política de selección de consejeros promueva el objetivo de que en el año 2020 el número de consejeras represente, al menos, el 30% del total de miembros del consejo de administración».

En junio de 2022, la Unión Europea aprobó una directiva que obliga a las empresas cotizadas a alcanzar dentro de

4 años una cuota mínima del 40% del género menos representado entre sus consejeros independientes. Da la opción a cada estado miembro de la Unión de fijar una cuota alternativa del 33% de la totalidad de los consejeros dentro del mismo plazo (junio de 2026).

Esta directiva ha tardado una década en ver la luz. Hay discusión en cuanto a la aplicación de cuotas, siendo frecuente el rechazo por las propias mujeres de sentirse nombradas por la cuota más que por su propia valía. Pero la tozuda realidad es que donde se hayan implementado, se ha acelerado la incorporación de la mujer al gobierno de las empresas. Las cuotas tienen un rol importante en un proceso transitorio. He escuchado comparar la situación de desventaja de la mujer en los consejos a la liberalización de un mercado. Un ejemplo son algunas antiguas empresas nacionales de telecomunicaciones, que fueron obligadas a trocearse para competir en condiciones más igualitarias para favorecer a los nuevos entrantes en el mercado. Establecidos estos, se volvió a equilibrar el campo de juego competitivo. En mi opinión, las cuotas pueden realizar una función similar: cuando se haya instalado una representación más equilibrada de género en los consejos, será el momento de plantear la eliminación de las cuotas.

Siendo cierto que muchos de los briefings de nuestros mandatos recientes de búsqueda de consejeros estipulan «preferentemente mujer» para poder equilibrar la representación en sus empresas, siempre animo a ir más allá del género en pro de la diversidad. El género es el aspecto más obvio de la diversidad, pero centrarse exclusivamente en el binomio hombre-mujer es perder la ventaja estratégica que brinda una mirada más amplia. En esto, es clave la actitud del presidente, que sea alguien que busque proactivamente diferentes puntos de vista, experiencias, y atributos como un valor fundamental en las discusiones del consejo. Sin ese foco inclusivo del presidente, la diversidad en el consejo puede generar caos y no hay cuota que remedie la situación.

Un buen ejercicio para introducir la diversidad en un consejo es a través del ajuste necesario en la matriz de competencias. Alinear un mosaico de perfiles con las demandas estratégicas de la organización es una herramienta potente para generar el mayor valor del consejo y su funcionamiento.

Recientemente, ayudamos a una fundación en la incorporación de nuevos patronos después de la renuncia de dos personas con perfiles de finanzas y banca. El mandato original fue «dos perfiles financieros, preferentemente mujeres» ya que se quedaba solo una mujer en el patronato a su marcha. Al estudiar el plan director de la fundación a cinco años con la CNR, identificamos las prioridades estratégicas para el futuro de la institución. En su labor anterior, la fundación había sido muy eficaz poniendo al servicio de su misión fondos procedentes de donantes y de subvenciones públicas. Pero en su nueva etapa, necesitaba abrir su alcance a la sociedad civil y mercantil, a las nuevas generaciones, a empresas privadas, y concretamente —por la naturaleza de su misión— al sector inmobiliario. Ampliamos el foco de la búsqueda a diferentes perfiles afines a estos ejes de actuación, presentando una lista mucho más diversa que la petición inicial de dos mujeres financieras. Al final, la fundación incorporó a cuatro nuevas patronas, cada una representando una de las líneas estratégicas de su futuro. Su impacto en la dinámica del patronato ha sido decisivo, así como su apoyo al equipo directivo: la actividad de la fundación está en vías de doblarse según se escriben estas líneas.

Hace unos años en Latinoamérica, el presidente de una de las instituciones más prestigiosas de su país me pidió ayuda para «introducir más diversidad en el consejo». Cuando le pregunté qué entendía por diversidad, me respondió: «no sé si te has fijado que solo hay dos mujeres». Sí que me había fijado y, además, una de ellas compartía apellido con el fundador de la institución. Le animé a pensar más allá de género: «Vivimos prácticamente todos en el mismo código postal, somos ingenieros egresados de la misma universidad, y tenemos casi la misma edad con excepción de alguno de los consejeros históricos». Organicé una sesión de trabajo con su comisión estratégica para comparar el plan estratégico a cinco años con la futura composición del consejo. Trabajamos en cada una de las siete líneas de actuación, definiendo en cada caso cuáles serían los conocimientos, experiencias y atributos personales que desde el consejo más impacto podrían sumar a los esfuerzos de la dirección ejecutiva. Salió un amplio abanico de factores, que luego organizamos por su encaje en la organización según nivel jerárquico. Analizados detenidamente, se veían tres prioridades distintas: una necesidad de reforzar el equipo directivo; recursos que estarían accesibles mediante una asesoría externa puntual; o perfiles de consejeros a incorporar en el gobierno corporativo. De este trabajo, refinamos 2-3 perfiles a incorporar a futuro en el consejo. En estos últimos 3 años, se han integrado consejeros que responden a estos perfiles, personas con experiencia internacional, procedentes de varios sectores, residentes en otras ciudades y de edades diferentes, y se han duplicado el número de mujeres en el consejo. La organización amplia su excelente reputación, siendo en el ranking de su actividad el número 1 en su país y cuarto en Latinoamérica.

Pensando en diversidad desde el consejo, no nos quedemos en una simple cuota de género. El verdadero valor está en fomentar la integración de múltiples miradas para enriquecer los debates y toma de decisiones, la riqueza de perspectivas, y la sostenibilidad de la empresa a futuro.

CAPÍTULO 4
LLEGANDO A LA META Y DESPUÉS

En los capítulos anteriores, se han expuesto los motivos por los que algunas personas deciden ser consejeros. Hemos explorado los diferentes senderos que pueden llevar a un puesto en un consejo, y también el contenido del trabajo del consejero y el funcionamiento de los órganos de gobierno.

Aquí exploraremos cómo es la vida profesional del consejero, desde el proceso de selección y su nombramiento, hasta después cuando se enfrenta a los diferentes retos que se plantean en el ejercicio de la profesión. Se agradece la generosidad de muchos consejeros en ejercicio que han compartido conmigo sus aprendizajes y reflexiones personales, lecciones que les hubiera gustado conocer antes de aceptar su primer consejo. Se ofrecen para ayudarte a ti, lector, en tu camino. También veremos los momentos de dificultad para el consejero, las características de los consejos que no funcionan bien, y unas consideraciones sobre cuando marcharse.

Empecemos por el comienzo.

El proceso de selección y nombramiento de un consejero

Un día suena el teléfono, y la persona al otro lado te plantea una reunión. Puede ser un amigo, un referenciado por alguien a quien conoces, un *headhunter*, un secretario, o un consejero. A veces la conversación empieza con «me gustaría hablar contigo y conocerte (más)». En la agenda de quien te llama, aunque no lo sabes, está valorar tu experiencia y perfil como posible encaje con una posición de consejero. Puede quedarse en una conversación inocua, agradable, y un café. O puede que se te descubra la oportunidad.

Los procesos de identificación de consejeros independientes suelen ser muy discretos: primero, porque es un rol crítico dentro de un club muy especial; segundo, porque se cuidan los interesados de no tener que rechazar a muchas personas tan cualificadas cuando solo hay una posición. Salvo en puestos de consejero en entidades públicas o académicas donde se requiere por estatutos o ley anunciar públicamente la oportunidad, como es común en el Reino Unido, uno no se postula a un puesto de consejero. El consejo o sus representantes te buscan a ti. Es un proceso que se formula en base a referencias, de fuentes fidedignas que hablan de ti y avalan tu experiencia, tu carácter, y tus éxitos. Redes profesionales (banqueros, abogados, *headhunters*, expertos sectoriales, auditores, inversores, consejeros, exjefes, competidores, asociaciones profesionales) y redes personales (amistades, familiares, compañeros de clubs o de la universidad...) confluyen para transmitir una imagen de ti cuando se les preguntan por personas que podrían ocupar un rol de consejero de un perfil determinado.

No es un proceso que se tome a la ligera. Un cambio de consejero es un hecho significativo y marca un antes y un después en el gobierno de la sociedad. De hecho, si un consejero se marcha antes de finalizar su mandato, genera desconfianza hacia la compañía y su consejo de administración. Por ello, se planifica con tiempo, normalmente hasta con un año de anticipación a la fecha de baja/incorporación. Hay una liturgia pautada y un proceso que conviene conocer.

1. El Consejo, a través de su Comisión de Nombramientos y Remuneraciones (CNR), determina la necesidad de incorporar un nuevo consejero, el perfil necesario, y la fecha prevista de nombramiento por la junta general.

La vacante puede producirse por rotación natural de consejeros al finalizar sus mandatos, por una dimisión, o por un acontecimiento sobrevenido que obliga a buscar una sustitución. Una excelente práctica para la sucesión de consejeros es contar con una matriz de competencias y atributos de los consejeros actuales, que se contrasta periódicamente con los ejes estratégicos de la empresa para identificar posibles gaps en áreas de conocimiento o experiencia en el consejo. La evaluación periódica del consejo arroja también información importante en este sentido, siendo los dos ejercicios muy útiles para definir los nuevos perfiles a incorporar a futuro para reforzar el funcionamiento y diversidad en el consejo. La CNR define el perfil buscado y el proceso de identificación, atracción, y evaluación de los candidatos. El calendario del proceso se suele programar retroactivamente, marcando los hitos a cumplir para poder llegar con un candidato finalista a la fecha de la Junta cuando presumiblemente se aprobará el nombramiento. Con la aprobación del Consejo de Administración, se inicia el proceso.

2. La llamada: *headhunter*, secretario, un consejero, otro asesor. Se suelen barajar varios nombres potenciales antes siquiera de acercarse a estas personas, reduciendo la cantidad de conversaciones iniciales a un número limitado, y muchas veces, poniendo un orden de preferencia para no marear a muchos candidatos. El primer acercamiento lo puede hacer el *headhunter* o un miembro del consejo.

Normalmente el primer contacto es más informal, sondeando el posible interés en un nuevo consejo, la adecuación del perfil y factores que podrían invalidar la candidatura. Si hay asesor externo, el proceso pasará por una evaluación estructurada de la idoneidad de la candidatura respecto a lo que busca la compañía. No solo se valida experiencia anterior, sino también atributos personales y competencias. En esta etapa se deben eliminar a candidaturas con conflictos de interés. Después de esta primera toma de contacto —que funciona en ambas direcciones tanto para que la compañía haga una validación inicial del candidato como para que el potencial candidato decida si descartar la oportunidad educadamente o seguir explorando— se avanza en los contactos con representantes del consejo.

3. Las entrevistas exploratorias. El primer punto de contacto probablemente serán consejeros de la CNR. Una buena y eficiente práctica es realizar entrevistas con 2 consejeros simultáneamente, usando un cuestionario estructurado que permite evaluar los mismos criterios y alinear impresiones nada más terminar la reunión. Esta primera entrevista es potencialmente eliminatoria. Si prospera la candidatura, con la recomendación de la CNR se planifican entrevistas con otros consejeros (especialmente los presidentes de las comisiones donde se incorporará el nuevo consejero) y con el máximo ejecutivo. Si eres independiente, cuenta también con una reunión con los dominicales de referencia. El proceso se puede alargar durante varias semanas, según la disponibilidad de las agendas de los consejeros. En todo este proceso, estarás siendo validado o eliminado. La última reunión suele ser con el presidente del consejo, y después se toma una determinación.

No obstante, no siempre parece un proceso tan estructurado desde la perspectiva del candidato.

«Recibí una llamada del secretario del consejo, a quien no conocía. Me decía que había oído hablar de mí y me quería conocer. Nos vimos un día en su despacho, y hablamos de todo y de nada en concreto. Pasaron varias semanas. Me volvió a llamar, y me dijo que habían propuesto mi nombre como consejera y que el presidente me quería conocer. Le expliqué que con mi cargo y responsabilidad ante mis accionistas, no podía aceptar un consejo sin más, mucho menos de una corporación tan grande como esta y en un negocio que yo no conocía. Tendría que pedirles a mis accionistas su parecer, acordar con ellos mi dedicación, explorar si pudiera haber conflictos de interés, etc… El secretario me respondió que mi candidatura la iban a proponer en el consejo próximo, a dos semanas vista, y esperaba tener mi confirmación. Pedí conocer al CEO, a quien conocía solo por su reputación. Me fascinó: claramente tenía una mente privilegiada, un conocimiento íntimo del negocio, y tenía un foco claro en poder conseguir resultados dentro de un entorno geopolíticamente complejo. Supe que podría aprender muchísimo de él y de los otros consejeros alrededor de la mesa. Llegué a un acuerdo con mis accionistas, y entré en el consejo. No hubo contacto con un *headhunter* hasta el final, cuando el presidente lo tenía decidido. Me citaron para dar su opinión formal, pero ya estaba tomada la decisión».

¿Qué se busca en el candidato a través de las entrevistas? Como candidato, se te estará valorando tu experiencia, tus conocimientos, y tus logros en el contexto del consejo. Una de las principales herramientas de un consejero es su capacidad de formular preguntas de impacto. Se tomarán decisiones en base a cuán bien preparado vienes a la reunión y lo certera de las preguntas y respuestas que formules. Aparte de tu capacidad profesional y técnica, se observará tus habilidades de impacto e influencia, de análisis y toma de decisiones, visión estratégica, criterio para configurar una opinión fundamentada, capacidad de considerar diferentes puntos de vista, y de llegar a consenso. Juegan un papel importante tus valores y aspectos de tu personalidad en tu posible encaje en la cultura del consejo. Aquí no tiene ningún sentido presentar una cara que no sea la tuya: interesa a ambas partes que la química sea lo más auténtica posible, ya que vais a convivir en un marco de corresponsabilidad por lo menos 3-4 años, si no más.

En paralelo al trabajo del consejo, en algunos sectores se debe cumplir un proceso formal según los criterios *fit and proper*. Es una evaluación externa cuyo objetivo es establecer la aptitud del candidato para cumplir el cargo de consejero y su integridad e idoneidad para la función. Los requisitos incluyen experiencia, trayectoria previa y formación y titulaciones. También se examina la solvencia financiera, antecedentes penales, posibles prácticas profesionales o de negocio cuestionables, y el nivel de otros compromisos que pueda tener el candidato que restarían el tiempo y dedicación necesarios al rol del consejero. Cualquier candidato que opte a una posición de consejero en una entidad financiera en Europa deberá pasar por el examen de *fit and proper* del BCE, proceso que puede tardar desde varias semanas a meses, alargando el proceso de nombramiento.

Un recurso importante que un consejero pone a disposición de la empresa es su capacidad de llegada a diferentes esferas y sus relaciones de impacto. Por otro lado, siendo una posición de confianza, es natural que los consejeros busquen puntos relacionales que generen certidumbre. Aunque la confidencialidad podría argumentar en contra, hay que contar con que habrá un proceso de contraste de referencias informal, en el que se pregunte a conocidos cercanos sobre el posible candidato. Cuando interviene un consultor externo, se realiza también un proceso de toma de referencias formal antes de extender una oferta, pero la importancia de la red de contactos del candidato no es menor.

Es uno de los aspectos diferenciales que encuentro entre los candidatos y las candidatas en los procesos de búsqueda de consejeros. Como la mayoría de los consejeros que entrevistan a los candidatos suelen ser hombres de cierta edad, no suelen tener tantas referencias sociales con las mujeres como con los hombres. Con ellos, es más fácil encontrar puntos en común, profesionales (han trabajado en la misma empresa, coinciden en asociaciones profesionales o grupos de interés) y personales (juegan al golf en el mismo club, estudiaron en el mismo colegio, tienen amigos en común). Con las candidatas, especialmente las noveles que aún no están en un consejo, les cuesta más encontrar puntos en común (no han ido al mismo colegio, no juegan a algún deporte juntos, no coinciden en eventos, y la mayoría de las parejas de los entrevistadores no tienen carreras de alta dirección o gobierno corporativo por donde podrían haber coincido con las candidatas). A las mujeres les toca hacer un esfuerzo consciente para generar este 'pegamento' de confianza social con quienes les vayan entrevistando.

4. ¿Qué debe explorar el candidato en el proceso?
El proceso de selección de un consejero es un camino de doble dirección. El consejo estará valorando si puedes hacer un impacto positivo en su funcionamiento como consejero. Tú estarás valorando si ese consejo es el mejor encaje para ti, tus intereses y tus capacidades. Muchos consejeros comentan que lo más difícil es conseguir ese primer consejo, que alguien se fije en ti, se confíe en tus capacidades y aportación, y te invite a formar parte de su club exclusivo como consejero. Pues no, no es lo más difícil. Lo más difícil es saber cuándo hay que decir que no a una oferta. Tener la paciencia de dejar pasar ciertos trenes que no son para uno, y esperar al que sí lo es. Las ganas de conseguir ese primer consejo pueden llevar a equivocaciones.

Como candidato, te corresponde realizar un proceso de *due diligence* ordenado, para lo cual tendrás que apoyarte en información pública, fuentes directas de la empresa, informes de mercado, y fuentes informales. El primer punto es informarte bien y formar una opinión sobre la salud y futuro de la compañía. ¿A qué actividad se dedica la empresa, cuáles son las dinámicas del mercado en el que se mueve y su propio posicionamiento, y cuál ha sido su evolución en los últimos años? ¿Cómo ha sido su trayectoria reciente, en factores como crecimiento, rentabilidad, inversión, reestructuración, transformación, o descontinuación de actividades? ¿Cuál es la salud financiera de la compañía según sus últimos informes de auditoría y ratings independientes de solvencia financiera? ¿Y cuál es su situación legal en cuanto a posibles riesgos o demandas pendientes?

> «La clave del éxito es el CEO y el equipo directivo. Cuántos más transparentes son, mejores suelen ser».

El motor de la empresa es su equipo directivo. ¿Cuáles han sido los resultados del equipo gestor en los últimos ejercicios? ¿Qué reputación tiene el máximo ejecutivo en el mercado y entre los grupos de interés de la sociedad? ¿Tiene una nítida estrategia que puede articular, claras aspiraciones a futuro, e indicadores que midan su consecución? ¿Cuál es el marco temporal de la estrategia en vigor, y cuáles han sido los resultados hasta la fecha? ¿Es razonable el tiempo marcado para alcanzar los objetivos? ¿Podrías tener algún motivo de conflicto de interés relacionado con la estrategia y funcionamiento de la empresa?

Como futuro consejero, otra figura de especial importancia es el presidente. ¿Su cargo es ejecutivo o no ejecutivo? Si es ejecutivo, ¿Hay un consejero independiente coordinador que haga de balance en el consejo? Si es no ejecutivo, ¿Cómo es su relación con el máximo ejecutivo? ¿Es clara la división de funciones y trabajan en buena sintonía? ¿Qué estilo de liderazgo tiene el presidente dentro del consejo? ¿Anima el intercambio de diferentes puntos de vista, focaliza los asuntos en las prioridades estratégicas de la empresa, tiene una ascendencia natural pero que no aniquila la aportación de otros consejeros? ¿Mantiene un posicionamiento claro en defensa de los intereses de todos los grupos de interés?

> «El rol de presidente no ejecutivo es importante. Hay que entenderlo y las claves de éxito: saber estar en tu sitio, entender la relación con el primer ejecutivo y gestionar la dinámica dentro del consejo. Aparte de organizar, hay que encargarse de que se dedique a cada cosa el peso que se merece».

Antes de decir que sí a una posición en un consejo, conviene hablar con cuantos más consejeros puedas para averiguar cómo son, qué perfiles tienen, cuál es su reputación, y cuál es su filosofía respecto al gobierno de la sociedad. Pueden aportar información valiosa sobre el funcionamiento del consejo, tanto en sus virtudes como en las áreas de mejora. ¿Qué dicen los consejeros de la manera de liderar que tiene el presidente?

> «Un tema básico es la confección de la agenda. He tenido presidentes inclusivos que hacen un borrador y preguntan a los presidentes de las comisiones qué nos preocupa. Recogen las opiniones de abajo arriba, y con tiempo suficiente para que estemos todos alineados y juntos».

En la descripción que dan de la cultura del consejo, ¿piensas que podrías trabajar en sintonía con ellos, o serías una *rara avis*?

«En mi primer consejo, no medí bien el peso de la ética y de la cultura. Menos mal que habíamos acordado un nombramiento con revisión anual, y me pude marchar al año. Desde entonces, pongo especial énfasis en cómo se hacen las cosas, los valores… las referencias las tomo a mi red de contactos para hacer un *due diligence* emocional».

Respecto al consejo, es importante entender por qué momento está pasando la compañía en su gobierno, y si es una situación donde estimas que vas a poder hacer una aportación. ¿La compañía cuenta ya con asentadas políticas y prácticas de buen gobierno, o está en una fase de institucionalización por la entrada de nuevos inversores, un proceso de sucesión familiar, la búsqueda de financiación alternativa, o una posible salida a bolsa? ¿Cuál es la estructura del accionariado y qué presencia tiene en el consejo?

«Cuánto menos capital flotante, menos independencia en el gobierno corporativo».

Lee con detenimiento los estatutos de la sociedad y el reglamento del consejo de administración y de sus comisiones, si lo hay. Tus responsabilidades legales como consejero serán las mismas, pero el enfoque de tu aportación y tu dedicación en una empresa que está empezando a implantar políticas de buen gobierno será significadamente diferente respecto a otra empresa con políticas bien asentadas.

Es importante explorar la aportación que el consejo espera de ti y si piensas que puedes responder a esa expectativa. ¿Podrías tener posibles conflictos de interés? ¿Vas a tener la disponibilidad temporal y geográfica necesarias para acometer la función? Haz una autoevaluación de tu propia candidatura ante los principales retos de la sociedad y del consejo. ¿Qué se busca en este nuevo consejero, porqué se abre la oportunidad, cómo complementará a los consejeros existentes? ¿Te reconoces en ese perfil complementario? Dentro del contexto en el que opera esta empresa, ¿qué aportas específicamente? ¿Cómo encaja tu oferta única y personal a este consejo en concreto? Aquí la pregunta básica a hacerse es ¿por qué yo?.

Si puedes argumentar tu idoneidad, piensa en tus prioridades ahora y en el futuro próximo. ¿Qué te aportará esta experiencia, que será normalmente de un mínimo de 3 años? Aparte de una remuneración a tu dedicación: ¿te dará conocimientos, relaciones, introducción a nuevas problemáticas empresariales, oportunidad de crecimiento? Es decir ¿qué vas a aprender, y qué vas a llevarte cuando salgas del consejo? ¿Te gusta lo que hace la compañía y cómo lo hace? ¿Responde a tus valores?

En tu valoración, entran los aspectos prácticos del rol. ¿Cuál es la duración del mandato? ¿Tienes claridad en cuanto al compromiso de asistencia a consejos, su regularidad, el calendario previsto y el lugar de su celebración? No es lo mismo organizarse para consejos en tu propia ciudad que en otra ciudad o país. ¿Participarás en alguna comisión y en qué calidad? En la estrategia trazada por la compañía, ¿se prevé actividad corporativa (compraventa, fusión, apertura a nuevos mercados) que podría conllevar un mayor número de reuniones que las programadas? ¿Cuánto y cómo se retribuye la colaboración? ¿Tienes resuelta la manera que vas a facturar tus emolumentos, bien desde una sociedad, bien como profesional independiente? ¿El seguro de la compañía de responsabilidad para administradores es suficientemente amplio para darle a cada consejero una cobertura razonable? Aquí se recomienda la revisión por un experto que te asesore.

Si eres ejecutivo en la compañía, y vas a realizar una función como consejero dominical, hay que tener en cuenta que, al pasar a ser consejero, se crea una nueva relación mercantil, no laboral, debiendo hacerse constar en un contrato aprobado por el consejo de administración, donde recogen todas las condiciones remuneradas del trabajo, así como las posibles indemnizaciones en caso de dejar la posición.

Después de todo este proceso —el *due diligence* económico y legal, el contraste de la estrategia y los roles del presidente y CEO, las experiencias de los otros consejeros, y una mirada honesta de lo que podrá ser tu aportación discrecional— no se puede asegurar que vayas a tener respuestas a todas tus preguntas, pero sí podrás contar con los criterios importantes para tomar una decisión más fundada.

> «Esto de chollo tiene poco, y más ahora. Antes, en los tiempos buenos, sólo firmabas las cuentas y jauja. Pero ahora está duro, duro. Hay que andar con mil ojos. Y ojo con la excusa de meter a una mujer en el consejo de administración, ¡que te la pueden meter doblada!».

5. El proceso de nombramiento

Llegada a una decisión de querer incorporarte al consejo por parte de los responsables del proceso de selección, se propondrá tu nombramiento al consejo de administración que normalmente te ofrecerán el puesto de consejero. La oferta es condicional, sujeto a la validación por parte de la Junta General de Accionistas (JGA) a partir de la cual, ya eres consejero.

No todas las empresas extienden una carta-oferta, apoyándose en el acta de la JGA y en el reglamento del consejo de administración. Si no están suficientemente bien detalladas las funciones de consejero en un reglamento, se puede pedir una carta detallada por parte de la compañía o como alternativa, redactarla tú y pedir la conformidad expresa del presidente.

«Cuando acepté esta posición como *senior advisor* con vistas a ser consejero, hubo una serie de peticiones claras en cuanto a ayudar al presidente a estructurar los procesos de buen gobierno necesarios para evolucionar a un consejo formal. Cada vez me pide más involucración en temas con los otros accionistas y con la familia, cosas que están fuera del alcance inicialmente hablado, y honestamente, la retribución no me lo compensa. No sé cómo plantearles esto».

Pasado este proceso, el proceso de selección no debería parar allí. Falta el *onboarding*, el proceso de integración en el consejo y la asunción de tus funciones. Las mejores compañías cuentan con un proceso de integración para sus nuevos consejeros. Incluye una presentación a los máximos ejecutivos, a los inversores, y a los principales grupos de interés. Tendrás acceso a las actas de consejos anteriores, a la evaluación del consejo si lo hubiera y las acciones en marcha, irás conociendo el sector y la empresa en su día a día, cómo se gestiona la cuenta de resultados, dinámicas de la competencia, organización interna, etc.

«Si hay un proceso de integración, no suele estar bien organizado. La mayoría del plan lo empujé yo misma. Antes de empezar, pasé un día con el CEO y sus reportes clave. Y hablé con cuántos consejeros pude en un entorno informal».

En el proceso, es importante que prestes especial atención a la cultura del consejo, a las maneras de comportarse, compartir información, debatir los asuntos, y consensuar los temas. Es decir, la parte más política. ¿Se puede hablar de manera abierta y constructiva dentro del consejo, o mejor tener esas conversaciones informalmente fuera? ¿Se suele tener la oportunidad de valorar alternativas en el consejo o es una cultura de no sorpresas? Una manera de recabar esa información es mediante reuniones uno a uno con miembros del consejo, idealmente en reuniones fuera de la celebración de consejos que te permitan ir construyendo relaciones de confianza y poder validar opiniones.

> «En uno de los primeros consejos a los que asistí, expresé mi disconformidad con la propuesta que nos traía un director de división para una nueva inversión. Insistí en posibles mejoras sobre el plan. El resto de los consejeros estaban callados. Después del consejo, me abordaron dos veteranos, y me explicaron que las diferencias las resolvían antes de los consejos y no dentro de las reuniones. Aprendí a construir consenso en reuniones informales con los demás consejeros».

En resumen, como candidato ¿cuáles son las claves para afrontar un proceso de selección de consejero?

- Conocer la función del consejero y qué se te va a requerir
- Formar un amplio conocimiento de la empresa, sus mercados, sus aspiraciones y salud financiera
- Conocer la estructura del accionariado, la composición del consejo y el nivel de gobierno corporativo
- Conocer las expectativas del consejo en el nuevo nombramiento
- Definir la aportación específica que puedes hacer al consejo y posibles conflictos de interés
- Tener claridad en cuanto a las responsabilidades y compromisos de la función

Ten confianza en que con todo esto ofrecerás tu mejor versión a lo largo del proceso. Y si no resultas seleccionado, esta oportunidad no era para ti.

La vida del consejero

¡Enhorabuena! Ya tienes tu primer consejo, y empiezas tu carrera de consejero. Se abre una etapa de aprendizaje, de adquirir y digerir cantidades ingentes de datos e información, de ir construyendo una manera de añadir valor, y de progresivamente integrarte en el equipo de trabajo que configura el consejo. Te esperan por lo menos de 6-12 meses en el rol antes de tener el contexto suficiente para verdaderamente aportar al funcionamiento del consejo. Ser consciente de esto es instructivo: tómate las cosas con tiempo, con serenidad, sin impacientarte para demostrar que mereces estar allí. Se irá viendo, pero mejor con aportaciones acertadas. En los primeros meses de aprendizaje, toca empaparte de la casuística del negocio si no es un sector que conoces ya. ¿Cuáles son las características del sector, las palancas del negocio, la competencia, los retos de la actividad, cómo se gana —o no— dinero? Desde la perspectiva de la gestión, ¿cómo se gestiona la cuenta de resultados? ¿Cuáles son los puntos clave e indicadores predictivos para controlar la operativa y proyectar las tendencias a futuro?

¿Qué recomendaciones hacen los consejeros experimentados respecto al inicio de la profesión? Algunos destacan la transición clave de ejecutivo a consejero y el cambio fundamental de actitud:

> «Una vez que cruzas la puerta del consejo, no se trata de ti ni de tus opiniones, sino del grupo como tal. Lo que antes te servía, ahora no lo hace. Si antes se trataba de tu ego y ambición, ahora toca escuchar y consensuar con humildad. Si antes necesitabas la capacidad de mandar y ejecutar, ahora necesitas la capacidad de escuchar y convencer».

«Como CEO, a mí el consejo me sirve para pensar, a reflexionar y ver las cosas desde otros ángulos. También me sirve para poder consultar a los consejeros, pero que no vengan con sus "batallitas" de cuando ellos eran ejecutivos, que no es útil. Busco en el consejo que me apoye de verdad en la estrategia que hemos decidido, y si no está de acuerdo, que sepa decirlo demostrando confianza en mí».

Algunos centran sus aprendizajes en esta etapa en la relación entre consejeros, la dinámica del consejo, y la importancia de tejer relaciones dentro del conjunto de consejeros:

«No sabía cuánto cuesta sacar lo mejor de un consejo y lo que hay que trabajar sobre la dinámica en sí».

«Ojalá me hubieran dicho que esto es un deporte de equipos».

Otros destacan la importancia saber formular una opinión, defender una postura, tener criterio propio bien justificado y ser capaz de llegar a acuerdos.

«No sabía cuán importante es tener opinión y perspectiva propia, haberla desarrollado y sustentado, aunque luego sea para aceptar la opinión de otros».

«Aquí las decisiones las tomamos entre todos. En general, los consejeros tenemos un cierto nivel de flexibilidad intelectual y aceptamos que igual no estamos en posesión de la verdad. Partiendo de nuestras posiciones muy bien soportadas, estamos dispuestos a que nos convencen de algo diferente. Esto es un arte en la labor de un presidente: llegar a este tipo de consenso cuando las cosas no están suficientemente claras».

«Un consejo es un órgano colegiado, y hay que saber crear el consenso. Ayuda reflexionar sobre qué experiencia traes en resolución de conflictos».

Algunos se encontraron con la sorpresa de que sus consejos buscaban en ellos aspectos que no habían identificado adecuadamente. Ni todas las empresas ni todos los consejos son iguales, y las expectativas que se generan en torno a la aportación de un consejero pueden variar sustancialmente de una organización a otra.

«Yo tengo experiencia en empresas de sectores muy variados, empresas públicas, empresas reguladas, empresas privadas. No esperaba tanta diferencia entre el consejo de una asociación y de una sociedad mercantil. La asociación me pide ayudar a levantar fondos y asumir funciones cuasi ejecutivas, mientras que la sociedad me busca por mis conocimientos del sector y estrategia».

Un tema recurrente es la importancia de mantenerse al día y de formarse continuamente. El desarrollo continuo es una parte esencial de la profesión:

«No es delegable mantenerte al día. Todo te lo tienes que cocinar y guisar tú. Para mí fue una sorpresa. Tienes que buscarte la vida para formarte, mecanismos que te salgan más económicas aparte de pagar cursos caros. Por ejemplo, apoyarte en consultores amigos y en las *big 4*, en asociaciones de consejeros, y en las compañías mismas».

La realidad del tiempo dedicado es otro factor con el que reconciliarse, tanto por los posibles imprevistos como por las demandas de la propia función:

«Como presidente, hay que desarrollar una dinámica con el CEO. Hay que estar disponible siempre por teléfono. Y estar allí en momentos de demandas excepcionales».

«Pasé de ser CEO a tiempo completo, a solo trabajar la última semana de mes. Al concentrarse todo en pocos días, se multiplican las veces que se trabaja los fines de semana. Te mandan la información el jueves y el martes tienes consejo».

Como consejero, no se está en el día a día, y nunca puedes saber tanto como el equipo directivo de la realidad del negocio. La sensación de vértigo e intranquilidad ante lo desconocido la tienen otros consejeros neófitos también:

> «No sabía cómo encontrarme cómodo con los riesgos potenciales que me iba a encontrar».

Hechas estas advertencias, la profesión de consejero aporta no solo sinsabores, sino también grandes satisfacciones a quienes la ejercen. Sin duda, tiene una parte vocacional y orientada al servicio, siendo un factor nombrado frecuentemente la oportunidad de devolver algo a la sociedad a través de una actividad empresarial:

> «Era una petición a la que no podía decir que no. Significaba hacer un servicio a mi país».

La flexibilidad horaria y dedicación más reducida que significa un puesto de consejero en comparación con las demandas de la vida ejecutiva es un aspecto que valoran muchos.

> «Había acabado con mi dedicación como alto directivo del IBEX. Ahora desde los consejos, puedo mentorizar a los que vienen detrás, poner a disposición de una empresa mi visión y saber hacer, sin tener que estar de lunes a viernes metido en el día a día».

La actividad del consejero requiere mantenerse activo mentalmente, físicamente y socialmente. Brinda la posibilidad de formar parte de algo mayor que uno mismo, siendo una alternativa profesional a partir de los 50+ años, cuando es más difícil volver al mundo corporativo si por algún motivo te has quedado fuera.

«Estos años han sido espectaculares, vivir el crecimiento exponencial de la sociedad desde que entré en el consejo, pasar por 4 fases corporativas, cada uno más complejo que la anterior, donde he aprendido muchísimo. Formar parte del exitazo del plan estratégico que hemos impulsado a través del equipo gestor. La verdad, ha sido un privilegio».

Momentos de la verdad: cuando ganas tus honorarios

Cuando surjan eventos excepcionales, se espera del consejero una dedicación excepcional. Hay múltiples ejemplos que se escuchan en las noticias.

Una gran entidad financiera se enfrentó a una oferta de compra bajo presión, colocando al consejo de administración en la situación de valorar cuál era lo mejor para los accionistas de la entidad. En el proceso, que tuvo un alto eco mediático, se llegaron a celebrar más de 20 consejos en el año, algunos convocados un día para el siguiente, o incluso más allá de las 10 de la noche. Son situaciones críticas que requieren una dedicación excepcional que no se corresponde con el pago.

No hace tanto tiempo, en plena semana de Nochebuena, la presidencia no ejecutiva de una gran corporación convocó un consejo excepcional para proponer el cese del emblemático y exitoso CEO. Había división de opinión y un impacto inmediato por parte de los mercados. Los conseje-ros tuvieron que cancelar o adaptar sus planes para Navidad, así como cualquier otra actividad hasta no resolver la crisis provocada en el seno de la sociedad. Los independientes se unieron y tomaron las riendas de la situación, dedicándose durante un mes, un día sí y otro no, a buscar consenso en torno a una solución. Su intervención fue decisiva y exitosa, se resolvió la crisis de gobierno corporativo, y la confianza de los mercados volvió.

«Soy consejera de una compañía europea participada por el Estado de ese país. El Estado tiene una participación minori-taria en una empresa con un *free float* importante, pero inten-ta imponer sus prácticas en todas sus participadas por igual. Durante la pandemia, suspendió el pago de dividendos en sus participadas y pretendió imponer lo mismo en esta cotizada. La empresa tenía beneficios, tenía sentido el dividendo y si no lo pagásemos, caería la valoración en el mercado y dañaría a nuestros accionistas. Desde el consejo, hay que tener sumo cuidado en cómo se plantean estas discusiones: un accionista con todo el poder de la administración pública detrás puede hacerle la vida muy complicada a la sociedad. Llegamos a un consenso de pagar un dividendo reducido en el año, a esperas de que se mejorase la situación pandémica».

En los momentos de dificultad es cuando se evidencia la labor del consejo de administración y su compromiso con defender los intereses de los grupos de interés de la socie-dad. Se hace con un alto nivel de exposición y esfuerzo per-sonal de cada uno de sus vocales, nunca exento de riesgos reputacionales, patrimoniales y legales, difícilmente corres-pondidos con la retribución percibida. Cuando se acepta un puesto de consejero, se asume una gran responsabilidad an-te posibles situaciones de crisis.

«En entornos complicados es fundamental tener un consejo muy unido, donde los consejeros empiezan a valorar más lo que aportan los demás. Cuando hay que remangarse es cuando se aprecia más el conjunto. El número de reuniones y la dedicación se multiplican exponencialmente. Son momentos cuando te das más cuenta que el trabajo no está bien remunerado, ni por dedicación, ni por preocupación, ni por responsabilidad, ni por riesgo».

Anatomía de un consejo disfuncional

En páginas anteriores se ha descrito el entorno de mutua confianza, apertura a la discusión franca, el derecho a exigirse responsabilidades mutuamente, la orientación a resultados ambiciosos y el afán de superación que define los equipos de alto rendimiento. ¿Pero qué sucede en caso contrario, cuando la suma de las partes es negativa? ¿Cómo se conoce un consejo de administración de bajo rendimiento?

Distintos investigadores han explorado grandes fracasos empresariales y organizativos para poder identificar las causas raíz de estas catástrofes económicas y reputacionales. La escuela de negocios de la Universidad de Londres, Cass Business School (ahora conocido como Bayes Business School), realizó un estudio de situaciones de riesgo y sus orígenes, impactos e implicaciones. (*Roads to Ruin – A study of major risk events: their origins, impact and implications.* Atkins, Derek; Fitzsimmons, Anthony; Parsons, Chris; Punter, Alan. March 2011, Cass Business School on behalf of Airmic). En su investigación, los autores identificaron algunas características en común de los consejos de administración en el momento de los desastres.

Según Cass Business School, los consejeros no prestaron la atención debida a los riesgos inherentes en el negocio (operativos, reputacionales, la licencia social para operar), prestando más atención a las oportunidades y potenciales retornos. Existían claras limitaciones en las competencias y habilidades de los miembros del consejo y la capacidad de los consejeros independientes para monitorizar y controlar al equipo ejecutivo de la compañía. Carecían de un claro liderazgo en cuanto a la cultura y ética en el consejo. Fallaba la comunicación interna y el flujo de información crítica desde la organización hacia el consejo. Los equipos internos de gestión de riesgos no eran capaces de llegar directamente a la alta dirección ni al consejo debido a una estructura jerárquica excesiva. Asimismo, había riesgos asociados con la complejidad organizativa de grandes organizaciones, especialmente los que habían crecido por adquisiciones.

Las características más comunes de los consejos disfuncionales son:

- Consejeros sin competencia, ni habilidades, ni capacidad para ejercer influencia y control sobre el consejo.
- Excesiva predominancia del máximo ejecutivo en comparación con el órgano de gobierno.
- Una presidencia que no priorice en el orden de día los asuntos medulares para la sociedad ni da continuidad a las iniciativas críticas.
- Consejeros nombrados sin pasar por un proceso estructurado de entrevistas, siendo amigos o conocidos del CEO o presidente.
- Consejeros que no cumplen con los criterios de independencia, tienen una agenda que no responde a los intereses generales de la sociedad, y tamizan los riesgos y oportunidades con esa mirada.
- Consejeros que son clones, con una predominancia del mismo perfil y pensamiento único. Falta de diversidad en el consejo.

- Consejeros independientes con demasiados consejos para ser diligentes en su preparación para los mismos y la calidad de sus aportaciones. Si no se dedica el tiempo suficiente fuera del consejo, difícilmente se puede hacer una aportación de valor.
- No se realiza un proceso formal y riguroso de evaluación del consejo que invita a la mejora continua y no solo un cumplimiento formal de un proceso de chequeo sin consecuencias ni acciones posteriores.

Cuándo marcharse

Hay un momento natural de marcharse de un consejo de administración, que es al finalizar el mandato. La decisión la puede tomar el consejo por diferentes motivos: cambio en la composición accionarial; pérdida de la consideración de independiente por más de 12 años de servicio; necesidad de rotar puestos para cumplir cuotas; cambio en la estrategia de la empresa que aconseja incorporar un perfil diferente; o reducción del número de vocales en el consejo son algunos ejemplos. La decisión también la puede tomar el propio consejero por motivos propios, como el cierre de una etapa estratégica en la que tenía una especial aportación; deseo de variar de sector de actividad; obligación a reducir su número de consejos y dedicación; o cambio en el máximo ejecutivo o presidente con quien entró en el consejo. Es la realidad de servir en un consejo de administración: se trata de una puerta giratoria que es tanto de entrada como salida.

Cuando se nombra un consejero, se hace con la expectativa de que cumpla por lo menos su mandato, sea de un año o hasta los años que marca el límite legal. Cuando este mutuo compromiso no se cumple, manda señales de alarma a los grupos de interés. ¿En qué falló el consejo a la hora de seleccionar al consejero? Si se ha equivocado con esta persona, ¿son confiables los demás miembros del consejo? ¿Es una señal de más inestabilidad y otros posibles movimientos en el consejo? Por parte del consejero ¿qué ha descubierto para no querer seguir en el órgano de gobierno? Si se trata de una empresa cotizada, el posible impacto es aún mayor. Se considera un hecho relevante que tiene que notificarse inmediatamente al regulador, y puede dañar la cotización y reputación de la empresa. A los mercados les gusta la continuidad, la falta de sorpresas, y la consistencia percibida entre los administradores de la empresa. Por todo ello, hay que tomar muy en serio la decisión de dejar un consejo debido al impacto material que puede tener en los grupos de interés.

¿Cuáles son las señales que pueden impulsarte a dejar tu puesto de consejero?

1. La falta de información a tiempo.
Se toman decisiones en el consejo en virtud de la documentación presentada por las comisiones y por el equipo gestor. Cuánto más complejo o estratégico es el asunto que se propone debatir y decidir, más extensa y crítica es la información que lo soporta. Si sistemáticamente no llega la información con un tiempo suficiente para estudiarla, hacer las preguntas pertinentes, y configurar una opinión y criterio, se compromete la independencia del consejero y limita su capacidad de realizar su función. La recepción tardía o parcial de información puede hacer dudar de la solidez de la propuesta, la transparencia del equipo gestor, la intención del presidente al confeccionar el orden del día, o incluso de la veracidad de los datos que se presentan. En esta situación, el consejero se puede encontrar forzado a respaldar decisiones para las cuales no contaba con el tiempo necesario para estudiar el asunto en profundidad.

2. La falta de debate en los consejos.

El órgano de gobierno tiene el mandato de retar al máximo ejecutivo, de examinar los posibles riesgos, de explorar posibles caminos alternativos, y de medir responsablemente todos los ángulos de una situación antes de tomar una decisión. Si te das cuenta de que los asuntos de la agenda se tratan sin fomentar la apertura de miras por parte de todos los consejeros, sin espacio para debatir los asuntos importantes antes de decidirlos, sin espacio para cuestionar algunos de los supuestos que se están planteando, es necesario planteárselo al presidente o al consejero coordinador si el presidente es ejecutivo.

> «No me daba cuenta de cuánto se 'cuecen' los temas por fuera antes de llegar al consejo».

> «Hay 2 o 3 que 'mandan' en el consejo. Sin su acuerdo, no avanzan los temas».

Retar constructivamente es una función básica del consejero para que el órgano pueda hacer su papel de supervisión. Sin ello, el peligro de caer en pensamiento grupal es alto, obviando facetas fundamentales de la decisión a tomar.

3. Acuerdos que comprometan el futuro.

Las empresas siempre están bajo el escrutinio de sus resultados a corto plazo y más aún las cotizadas de las que se esperan trimestralmente un avance sobre sus cifras. Si bien el rol de todo el consejo es defender los intereses de todos los grupos de interés, los dominicales y ejecutivos tienen un interés particular que pueda influir en su apetito para operaciones de riesgo o no.

«Me acuerdo de una operación corporativa que iba a significar un salto adelante importante para la sociedad, pero que fracasó en el consejo de administración porque en la *joint venture*, algunos consejeros iban a perder sus asientos en el consejo».

Los sistemas de remuneración tienen un rol importante en incentivar determinadas conductas en los directivos, fomentando líneas de acción que pueden estar o no alineadas con el largo plazo de la compañía. Cuando estos incentivos se amplían al consejo, también pueden comprometer una visión más sostenible.

«Es importante que los consejeros no tengan una parte importante de su remuneración ligada a los resultados de la compañía. Si está ligada a beneficios en el año, querrán evitar riesgo. Si está indexada al crecimiento, querrán apoyar procesos de adquisición y mucha expansión».

4. Frecuentes conflictos de interés o incompatibilidad.
Aunque antes de aceptar un nombramiento a un consejo, se estudian los posibles conflictos de interés de un consejero por su implicación en otros negocios o asuntos, puede cambiarse la estrategia de la empresa de tal manera que surjan conflictos no previstos anteriormente. En estos casos, el consejero tiene que excusarse de las discusiones y de las tomas de decisión. Si esto se produce con frecuencia, se está perdiendo una voz independiente en el seno del gobierno que podría dar mayor supervisión o aportación a asuntos vitales de la compañía.

5. Decisiones abusivas por parte de los dominantes.
Se produjo recientemente una crisis de gobierno corporativo en una gran cotizada española. Los consejeros independientes alegaron abuso de poder por parte de tres

accionistas que promovían de manera aparentemente concertada concentrar en el presidente del consejo también los máximos poderes ejecutivos. No se llegó a un consenso en el consejo para resolver la situación y resultó en el cese de casi todos los consejeros independientes. Esto provocó un impacto reputacional tanto en los consejeros salientes como en la empresa, y resultó en un daño a los accionistas. La acción perdió un 18% que no ha recuperado en los meses transcurridos desde entonces. Está en manos del regulador dictaminar si hubiera acción concertada entre los tres accionistas que juntos suman más del 30% del accionariado.

6. Incumplimiento de la legislación vigente y decisiones que pueden acarrear responsabilidades penales.

Aunque se haga constar en el Acta del consejo una posición contraria a una decisión que se adopte por la mayoría, el consejero es responsable tanto de sus actos así como de los de la sociedad. El Código Penal en su última revisión (http://www.boe.es/boe/dias/2015/03/31/pdfs/BOE-A-2015-3439.pdf) enumera los diferentes supuestos delictivos en los que puede incurrir un consejero y la sociedad que representa. En el ejercicio de su función, el consejo debe mostrar su debida diligencia en crear sistemas de gestión y organización para vigilar, controlar y evitar la posible comisión de delitos. En las grandes compañías, es obligatorio crear un departamento *ad hoc*, con el nivel de control e independencia necesario para realizar su cometido. En las pequeñas, puede ser el propio consejo que tutela este marco de control. La negativa de la sociedad a establecer y observar un protocolo de actuación en materia de prevención es un claro aviso al consejero de un riesgo potencial que puede justificar su renuncia.

«Como consejero, debes aprender a tomar muchas notas, revisarlas después del consejo y si hace falta, verlas con el secretario. Y si son temas de fondo, con el presidente».

Si después de este recorrido por las satisfacciones y pesadumbres de la vida de los consejeros has decidido que esta profesión puede ser para ti, adelante. Veamos dónde empezar desde ya para impulsar tu carrera como consejero.

CAPÍTULO 5

COGIENDO IMPULSO EN TU CARRERA DE CONSEJERO

Has decidido que la carrera de consejero puede ser para ti. En este capítulo, veremos cómo se desarrolla una carrera de consejero. Se ofrece un cuestionario de autoevaluación para establecer tu punto de partida, y luego, estrategias para diseñar una hoja de ruta a tu medida para conseguir tu primer consejo o, si ya eres consejero, para seguir avanzando en la profesión.

Cómo construir una carrera de consejero

La carrera de consejero tiene sus tiempos y fases. Parte de unas condiciones previas necesarias, pasa por un proceso de autoaprendizaje y desarrollo para ir preparando una hoja de ruta, y se construye gradualmente con experiencias de consejero que, unidas con criterio, constituyen una carrera.

En plan esquemático, el modelo es el siguiente:

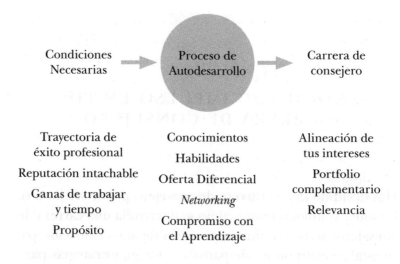

Condiciones Necesarias	Proceso de Autodesarrollo	Carrera de consejero
Trayectoria de éxito profesional	Conocimientos	Alineación de tus intereses
	Habilidades	
Reputación intachable	Oferta Diferencial	Portfolio complementario
Ganas de trabajar y tiempo	*Networking*	Relevancia
Propósito	Compromiso con el Aprendizaje	

Lo exploramos en detalle.

Cómo construir una carrera: condiciones necesarias

Estando en Londres, escuché al presidente de una entidad financiera global dar este consejo:

> «Si quieres ser consejero, hay que empezar a prepararse antes de los 40».

Se refería a la importancia de contar con una trayectoria de éxito profesional como condición anterior a la carrera de consejero. En la disciplina que has elegido, ¿cuentas con resultados destacables? ¿Tus logros te han llevado a posiciones de liderazgo? ¿Has demostrado que puedes encarar situaciones de reto y generar resultados con solvencia? Esto no quiere decir que no te hayas encontrado con reveses en tu trayectoria. Raro es el alto directivo que se haya atrevido con retos importantes y no haya tenido algún fracaso. La clave es aprender de ello, levantarse, y avanzar. El rol de consejero es una función exigente que, en base a experiencias de éxito propias, puede impulsar a los equipos gestores hacia la excelencia.

Igual de importante es haber forjado una reputación sólida. Cuando se mencione tu nombre, ¿qué son las reacciones de personas que te hayan conocido u oído hablar de ti? ¿Tienes fama de cumplir lo que dices que vas a hacer? Ante situaciones complicadas, ¿has mantenido una postura ética, sin traspasar líneas rojas? ¿Has demostrado actuar con sensibilidad hacia el conjunto y con una aportación tanto a tu organización como a la sociedad que sirve? Los consejeros influyen directamente en la reputación y valor de las empresas a las que sirven.

Hay que estar dispuesto a dedicar tiempo y esfuerzo. Aunque alguna oportunidad puede caerse del cielo, la realidad es que buscar trabajo, sea de ejecutivo o de consejero, es un proceso. Requiere horas de reflexión, de organización y planificación, de búsqueda y asunción de nuevas áreas de responsabilidad, y de formación y desarrollo personal. Si no cuentas con experiencia en gobierno corporativo, hay que buscar experiencias ejecutivas que refuercen tu perfil respecto a las competencias exigidas al consejero (interpretación de cuentas de resultados, desarrollo de estrategia, procesos de financiación, gestión de riesgos, cumplimiento). ¿Cuál es tu horizonte temporal para empezar tu carrera de consejero? ¿De cuánto tiempo dispones para procurar ampliar tu perímetro de competencias? ¿Cuentas con recursos para afrontar los costes implicados en formación, asistencia a foros, membresías de asociaciones, encuentros con personas en tu proceso de *networking*, e incluso para afrontar cambios de trabajo ejecutivo?

Cumpliendo estas precondiciones básicas, antes de lanzarte a buscar oportunidades de consejero, es altamente aconsejable plantearte una cuestión fundamental: por qué quiero ser consejero. Tu propósito. Sabiendo que es una función demandante, conviene tener claridad sobre tus propias motivaciones y objetivos. ¿Qué significaría para ti y tus prioridades en este momento vital ser consejero? ¿Qué caminos te abre a medio plazo? Ser consejero tiene un claro componente de servicio: hacia los accionistas, los otros grupos de interés, el equipo ejecutivo. El ego pasa a segundo plano. ¿Responde esto a lo que puedes estar buscando a futuro? Ser consejero es un oficio de alta responsabilidad, de riesgos potenciales a título personal (reputación, patrimonio, penal) y de dedicación importante, a veces imprevista cuando hay emergencias (de las buenas y de las malas). Es fundamental tener claro un para qué, algo que profundamente te importa para compensar las exigencias de ser consejero.

Cómo construir una carrera: desarrollando tu perfil de consejero

Prepararse para ocupar una posición de consejero con solvencia conlleva varias facetas y tiempo. Hay que ir cargando la mochila con lo necesario para el camino: conocimientos, habilidades, una oferta de valor diferencial, un ecosistema de contactos, y un mapa direccional. Se trata de un proceso que no es necesariamente lineal, y que se va realimentando según se avance.

«Cuando empecé a construir mi segunda carrera, como consejera, me inspiré en el bambú japonés. Durante los primeros 8 años, aparentemente no crece. Luego en pocas semanas, puede crecer 30 metros. En todo el tiempo anterior, estaba desarrollando su sistema de raíces. Si quieres ser consejero, hay que desarrollar raíces».

Como toda profesión, el trabajo de consejero requiere de conocimientos y habilidades. Ambos se pueden adquirir y desarrollar, partiendo desde donde estés. Los conocimientos básicos para un consejero son: las funciones del rol, el contexto legal de la función y del gobierno corporativo, estrategia, finanzas, gestión empresarial y control de riesgos. Estos conocimientos son fundamentales y es importante que el consejero, especialmente el externo independiente, cuente con todos para poder aportar valor dentro del consejo y como miembro de cualquiera de las comisiones.

Más allá de estos conocimientos fundamentales, se valoran áreas de especialización como: tecnologías emergentes, ciberseguridad, dinámicas de mercados, diferentes jurisdicciones, palancas de negocios específicos, entornos regulados, geopolítica o sostenibilidad. Años de ejercicio ejecutivo son los mejores avales en estas disciplinas, si bien se puede profundizar en conocimientos a través de maestrías y programas específicos para consejeros. Aunque con la búsqueda de la diversidad en los consejos se está primando recientemente la incorporación de perfiles con una especialización concreta, no hay que confundirse. El dominio de un área de *expertise* no exime al consejero independiente de dominar el bloque de conocimientos fundamentales necesarios para ejercer la función de consejero con solvencia.

Las habilidades del consejero son necesarias para generar una dinámica productiva en el consejo. Las esenciales son: visión estratégica, pensamiento crítico y capacidad de formular una opinión, capacidad de indagación y escucha, impacto e influencia en las relaciones, búsqueda de consenso, orientación a resultados, y capacidad para valorar los riesgos. Corresponde hacer una autoevaluación para saber con qué fortalezas cuentas y dónde están tus áreas de mejora. Las habilidades, a veces llamadas competencias, se evidencian vía acciones que se pueden observar. Una manera para valorar en qué grado tienes o no estas habilidades clave, es pensar en experiencias pasadas donde has tenido que enfrentarte a un problema ¿Cuál fue la situación y la tarea a resolver, ¿qué hiciste, y cuáles eran los resultados? ¿Qué dice de ti esa experiencia y tu dominio de la competencia? Otra manera de identificar tus principales competencias es analizar tus mayores éxitos personales y profesionales. ¿Qué hiciste para conseguir el logro? Otra vía es el espejo que nos pueden ofrecer los demás: pregunta a quienes te conocen bien cómo te ven respecto a las habilidades específicas y en qué se basan para su opinión.

La suma de experiencias, conocimientos, habilidades, y características personales es única en cada persona. Es clave determinar cuál es tu aportación singular, tu oferta diferencial. Saber qué aportas específicamente a un consejo te permite calibrar en qué tipo de problemáticas puedes ser de mayor utilidad. Compara tu perfil con lo que requiere la estrategia de una compañía. ¿Cuáles serían las habilidades óptimas en el consejo para apoyar al equipo directivo en la consecución de los objetivos? Una compañía en vías de internacionalizarse se beneficiaría de la mirada desde la supervisión de alguien que hubiera impulsado negocios en el extranjero. Una compañía con un alto impacto en el medioambiente bien podría contar con un referente en sostenibilidad. Una compañía en un sector regulado se beneficiaría de contar con personas con experiencia en la administración o funciones políticas. Una empresa con un fuerte apalancamiento organizativo en un alto número de empleados haría bien en contar con un experto en recursos humanos. ¿Cuáles son las experiencias donde destacas sobre todo?

«Yo tengo experiencia ejecutiva en una variedad de puestos financieros y también de dirección general. Es un perfil funcional y general que va bien para consejos».

Networking. El entorno de gobierno corporativo es relativamente acotado. A diferencia del mundo ejecutivo, no hay tantas posiciones de consejero ni profesionales dedicados a este ecosistema. Es un colectivo que se caracteriza por su discreción y donde el acceso sigue siendo a través de relaciones de confianza. Aunque existen vías formales de identificación y selección de consejeros, la realidad sigue siendo que imperan más las vías informales basadas en las recomendaciones de personas cercanas a los accionistas y al consejo. Consejeros, presidentes, asesores, reguladores, banqueros, secretarios, *headhunters...* La clave está no tanto en a quiénes conoces y has hecho claro tu interés en ser consejero. La clave está en quién te conoce a ti y al que le suene tu nombre cuando surjan oportunidades de nuevos nombramientos. Volvemos a lo esencial de una trayectoria profesional exitosa y coherente, y el impacto que puedes haber dejado en las personas con quienes te hayas relacionado. Es uno de los mejores puntos de partida para que te lleguen oportunidades. Una red de contactos como la que estamos describiendo no se tiende de la noche a la mañana. Es un proceso que requiere dedicación y consistencia a la construcción gradual de relaciones.

El aprendizaje de un consejero no termina nunca. El marco legislativo y regulatorio está en continua revisión y hay que mantenerse al día. El entorno socioeconómico experimenta cambio constante, hay riesgos emergentes (cambio climático, ciberseguridad, geopolítica, invierno demográfico entre otros) y surgen eventos no previstos que transforman la realidad de un momento a otro. Esto requiere un compromiso con el estudio y desarrollo propio continuo. No solo se trata del trabajo relacionado con la inmersión inicial en un nuevo consejo. Posteriormente, requiere muchas horas de estudio y una atención especial a los aspectos del entorno que puedan afectar a la marcha de la organización.

Construyendo una carrera de consejero: los resultados

Si has sido coherente con tu propósito inicial y honesto con tu autoevaluación y compromiso con el desarrollo, la carrera de consejero te puede permitir alinear tus intereses profesionales y personales en una actividad gratificante. Busca la complementariedad vital y de tus propósitos personales a través de las empresas que sirves como consejero. ¿Buscas la culminación de una carrera ejecutiva y una oportunidad de transmitir toda tu experiencia y conocimientos a otros? ¿Qué te importa en el mundo? ¿La sostenibilidad, ¿La educación? ¿El acceso universal a la medicina? ¿La tecnología al servicio del avance social? Desde tu situación privilegiada de gobierno, podrás impulsar que, a través de la misión, valores y estrategias puestas en acción por la empresa, se consiga un impacto real para hacer del mundo un lugar mejor para los diferentes grupos de interés.

> «La ventaja principal de ser consejero es que sigas aportando valor, que todo ese bagaje que uno tiene, no se pierde».

La flexibilidad que permite la función de consejero permite situar la labor dentro de un portfolio de otras actividades, siendo algunos ejemplos: una posición ejecutiva, la consultoría, la gestión de inversiones propias, la docencia, el voluntariado y otras actividades sin ánimo de lucro. Buscando una complementariedad de intereses, se realimenta tu visión estratégica, tu capacidad de contacto y, en definitiva, el valor que puedas aportar y que te aporte el portfolio. Una variedad de actividades diversifica el riesgo de dependencia de unas fuentes limitadas de ingresos, ampliando tu autonomía. También permite equilibrar las demandas sobre tu tiempo y tu energía, alimentar tus diferentes prioridades vitales y responder a tus inquietudes intelectuales.

Poniéndote en marcha: autoevaluación

Conocido el modelo de una carrera de consejero, ¿por dónde hay que empezar?

El mejor momento es el presente y el mejor paso es conocer tu nivel de preparación actual para asumir un puesto de consejero. Para ayudarte, a continuación tienes una sencilla autoevaluación que te permitirá fijar tu punto de partida.

Evalúa tu nivel según tu dominio con una X en la columna correspondiente: 1 (nulo o escaso), 2 (parcial), 3 (extenso)

Punto de Partida de la Carrera: AUTOEVALUACIÓN	1 Escaso	2 Parcial	3 Extenso
Experiencia ejecutiva			
1 Experiencia en Consejo de Administración			
2 Experiencia en Comisiones			
3 Experiencia en gobierno de organizaciones no mercantiles			
4 Experiencia en Consejo Asesor/Senior Advisor			
5 Interacción con Consejos de Administración			
Suma de X en cada columna			
Conocimientos			
1 La Función del Consejero y el marco legal			
2 Estrategia			
3 Finanzas			
4 Gestión Empresarial y de riesgos			
5 Otros: Ciberseguridad/digital, Auditoría, Organización y Personas			
Suma de X en cada columna			

Experiencia ejecutiva			
1 Dirección General			
2 Dirección Funcional/Miembro Comité de Dirección			
3 Reconocido experto sectorial			
4 Dinámicas críticas: turnaround, expansión, M&A, transformación negocio			
5 Experiencia internacional			
Suma de X en cada columna			
Competencias			
1 Pensamiento crítico			
2 Visión estratégica			
3 Gestión de consenso y de grupos de interés			
4 Impacto e influencia			
5 Orientación a resultados			
Suma de X en cada columna			
Tiempo y Recursos			
1 Capacidad de dedicar por lo menos 2-3 jornadas al mes			
2 Flexibilidad para ajustar compromisos en caso de urgencia			
3 Compromiso por la duración del mandato			
4 Salud física, emocional y mental ante los rigores del rol			
5 Estructura para administrar la relación mercantil			
Suma de X en cada columna			
Relacionamiento y Network			
1 Acceso a una red diversa de interlocutores de alto impacto			
2 Contactos con el ecosistema de gobierno corporativo			
Suma de X en cada columna			
	Total 1	Total 2	Total 3
SUMA TOTAL DE NIVEL DE PREPARACIÓN			
Mayoría de 1 - Consejero en desarrollo			
Mayoría de 2 - Consejero en activo			
Mayoría de 3 - Consejero consolidado			

Una hoja de ruta a tu medida

Según tu autoevaluación, ¿En qué momento estás en la carrera de consejero? ¿Tienes mayoría de 1s, 2s, o 3s? O ¿tal vez estás a medias entre dos puntuaciones? Según el punto desde donde partes, tienes diferentes consideraciones a plantearte y acciones que puedes tomar para avanzar.

CONSEJERO EN DESARROLLO: En la autoevaluación tendrás mayoritariamente 1s y algunos 2s. Ocupas ya una posición de alta dirección a cargo de personas y presupuestos y cuentas con una trayectoria de éxito a nivel ejecutivo y/o como un experto reconocido en algún área clave de conocimiento dentro del gobierno corporativo. Estás buscando tu primera experiencia como consejero.

CONSEJERO EN ACTIVO: En la autoevaluación tendrás una predominancia de 2s. Ya perteneces a un consejo de administración, bien como dominical, independiente o ejecutivo, y cuentas con una experiencia en gobierno corporativo de un año o más. Puede que lo simultanees con otras actividades, o no.

CONSEJERO CONSOLIDADO: En la autoevaluación tendrás una predominancia de 2s y 3s. Llevas varios años ejerciendo como consejero en diferentes entidades. Tu dedicación a tus consejos supone una parte importante de tu actividad profesional.

Partiendo de estos diferentes estadios, proponemos definir una hoja de ruta, un mapa direccional para orientar tus próximos pasos e hitos en la carrera de consejero. Ten en cuenta las siguientes consideraciones:

MI HOJA DE RUTA

Motivación

1 Propósito: para qué quiero ser Consejero

2 Expectativas: qué espero de esta actividad

3 Motivación: qué me impulsa a hacerlo

Intereses

4 Dónde quiero ejercer: tipo de empresa u organización, sector, momento de la empresa, geografía donde opera.

5 Qué nivel de responsabilidad quiero asumir: *senior advisor* o consejero

6 Qué dedicación quiero tener (número de horas, número de consejos, participación en comisiones)

7 Cuándo: En qué fecha quiero empezar a ejercer o hacer cambios en mi actividad actual.

Valoración de aportación

8 Con qué cuento: experiencia ya en la función de consejero y en funciones ejecutivas, conocimientos, experiencias personales, competencias y atributos.

9 Qué me falta: conocimientos, experiencias, contactos y visibilidad, habilidades

El plan de acción

10 Objetivos: Cuáles son mis objetivos a corto y medio plazo, siendo concretos y medibles.

11 Acciones: Qué pasos debo dar para conseguirlos

12 Recursos: Con qué recursos cuento y cuáles tengo que buscar

13 Cuándo: A qué fechas pretendo conseguir cada objetivo concreto.

14 Medición: Qué indicadores intermedios indican que avanzo hacia el objetivo

Revisión

15 Evaluación: De una manera periódica y honesta, valorar si estoy cumpliendo las acciones con las que me comprometí, cuáles están siendo los resultados, en qué debo adaptar mis objetivos, qué ajustes puedo hacer para ser más eficaz.

16 Celebración: Acuérdate de celebrar los hitos intermedios que vas cumpliendo, los recursos nuevos que vas adquiriendo, la información y visibilidad que estás obteniendo, y disfruta del camino.

En las siguientes páginas, describimos cada uno de los tres estadios de la carrera de consejero —el consejero en desarrollo, el consejero en activo, el consejero consolidado— con hitos de cada fase y propuestas de acción para preparar una hoja de ruta a tu medida.

1. El consejero en desarrollo: preparándote para tu primera experiencia de gobierno corporativo

En esta fase temprana de tu desarrollo hacia la carrera de consejero, es el momento de echar y cuidar las raíces que servirán de base para ejercer la función. Es momento de redondear tu experiencia directiva y concentrarte en una ejecución excepcional, formarte en gobierno corporativo, adquirir conocimientos especializados y ampliar tus conocimientos funcionales, definir y fomentar una marca personal, aumentar tu visibilidad, trabajar estratégicamente en la creación de una red de contactos y empezar a crear hábitos de consejero, antes de serlo.

Es eminentemente aconsejable formarte en gobierno corporativo, incluyendo las obligaciones del consejero, el marco jurídico y regulatorio, las prioridades de los consejeros y como toman decisiones, y los conocimientos críticos para la función. (Ver Conocimientos y habilidades en el capítulo 3).

En paralelo a la adquisición de conocimientos de gobierno corporativo, es el momento oportuno de redondear tu experiencia directiva y liderar proyectos de reto, priorizando tu labor ejecutiva de liderazgo bien en tu empresa actual o en un próximo cambio profesional. Si no lo has tenido, busca proactivamente un rol de responsabilidad de una cuenta de resultados, de una unidad de negocio, o de un proyecto complejo que requiere manejo de recursos económicos, técnicos y organizativos. Da un paso adelante en tu organización para participar en proyectos clave: lanzamiento de nuevas unidades de negocio, apertura de mercados internacionales, impulso de un crecimiento rápido, reestructuración de una actividad problemática, transformación de un área gracias a tecnología disruptiva y nuevos modelos de negocio ... proyectos que requieren un alto nivel de ejecución e interlocución con diversos grupos de interés al más alto nivel.

«Siete de nosotros en la empresa hemos hecho el certificado del IC-A. Ahora estoy en el consejo de Mediación y en otro consejo de una filial. Es otra perspectiva a mis responsabilidades en el Comité de Dirección».

Si por tu área funcional esto no es posible, otra forma de reforzar tu posicionamiento como futuro consejero es buscar visibilidad ante el consejo de administración de tu empresa: como experto en la dirección financiera, auditoría interna, control de riesgos, estrategia corporativa, o del contexto regulatorio y jurídico del gobierno de la sociedad.

En adición a la formación en gobierno corporativo y la búsqueda de proyectos de relieve en tu empresa actual, es el momento de definir y fomentar una marca personal como experto situacional, funcional, o de industria, con potencial para formar parte de un consejo a futuro. Para articular una propuesta de valor, el ejercicio de la 'venta en el ascensor' puede ser útil. Se trata de un corto viaje imaginario —pongamos 60 segundos en un ascensor— en el que en pocas palabras hay que convencer de la bondad de tu propuesta única y diferencial como potencial consejero. Se resume lo que aportas, qué te hace valioso para diferentes situaciones empresariales, qué experiencia excepcional tienes, y en qué destacas cuando formes parte de un grupo. La marca personal en este caso se tiene que construir pensando en las prioridades de un consejo de administración (revisa las funciones del consejero en el capítulo 3). ¿Por qué es clave definir la marca personal? Poder comunicarlo con claridad y aportando evidencias es la mejor manera de establecer puntos de conexión con interlocutores ante posibles oportunidades futuras. No todos somos expertos en la realización de entrevistas ni en poder extrapolar de un CV el potencial de un candidato para ser consejero a futuro cuando no lo ha sido nunca. Tu marca personal puede actuar como tu 'spot publicitario'.

Un paso en paralelo de la definición de tu marca personal es preparar un curriculum vitae (CV). El CV de quien aspira a una posición de consejero es diferente de un CV ejecutivo. En este documento breve, tus objetivos son demostrar a quien lo lea que estás preparado para un rol de consejero, que cuentas con la preparación para ello, que tienes un buen nivel de comprensión del contexto en el que se mueven las empresas, y que tienes un verdadero interés por la función. Se trata de un documento breve que incluye 1) tu nombre y datos de contacto, 2) un resumen de tu perfil, 3) tu experiencia en gobierno corporativo, 4) una breve referencia a los cargos y resultados más destacados de tu carrera profesional, 5) tu formación, membresías y certificaciones, y 6) actividades extraprofesionales que denotan tus áreas de interés personal.

Es un documento 'de venta' que demuestra cómo puedes contribuir con solvencia al funcionamiento de un consejo. Cuando resumes tu perfil, para lo que el ejercicio de crear tu marca personal debe ayudar, incluye aquellas experiencias, conocimientos y habilidades que se pueden extrapolar a la función del consejero.

Es clave en este CV tu experiencia en gobierno corporativo, destacando tus consejos y las comisiones en las que has participado, los retos de la organización y cómo ayudaste a la consecución de los logros. Incluye tanto roles de externo como dominical y ejecutivo, sin olvidar roles de gobernanza de asociaciones, fundaciones u otras entidades sin fines de lucro. Faltando estas experiencias, ¿qué visibilidad e interlocución has tenido ante consejeros? Por ejemplo, los auditores tienen que presentar las cuentas, los abogados estructuran operaciones fiscales y mercantiles, los mediadores de seguros plantean los riesgos y formas de mitigarlos, los tecnólogos presentan planes de seguridad ante ciberataques, y las consultoras de estrategia exponen caminos alternativos a futuro.

En el resumen de tu experiencia ejecutiva, hay que poner en valor las responsabilidades que has tenido, la experiencia en áreas funcionales necesarias para ser consejero (financiero, estrategia, control de riesgos, gestión empresarial) y los escenarios de desarrollo empresarial en los que has tenido un rol (crecimiento, compraventa, integraciones, diversificación, disrupción tecnológica, refinanciaciones, internacionalización, salida a bolsa). El apartado de membresías, intereses y actividades extraprofesionales, aporta información sobre tu capacidad de relación y tu carácter, ambos factores a tener en cuenta en tu posible encaje cultural en un consejo.

Con una visión clara de qué tienes que ofrecer y tus objetivos, es un momento para incrementar tu visibilidad allá donde quieres ser visto, tanto dentro de la organización (alta dirección, consejo, inversores claves) como fuera (paneles expertos, entornos de tu industria donde te puedes juntar con líderes y referentes, conferencias). Dentro de tu organización y si tu posición no trae consigo participación como apoderado de alguna filial, indica que estás activamente buscando aprender del gobierno corporativo. Es frecuente que, en organizaciones de cierto tamaño, se asignan a ejecutivos senior en vías de desarrollo a algún consejo de una filial o de una participada, para que puedan ir conociendo las prioridades de gobierno corporativo.

'Levantar la mano' incluye hacerte visible y mostrar un interés también fuera de la organización. Auditores, asesores jurídicos, banqueros, personas que conoces que ya son consejeros... todos son susceptibles a que presentas tu interés y recoges sus consejos. Esto nos lleva a otro aspecto fundamental, empezar a hacer una red de contactos, personas que estén dentro del ecosistema relacionado con el gobierno corporativo (recuerda el Universo de los grupos de interés en el capítulo 2). El *networking* es un proceso iterativo de contactos con personas, buscando tres fines: primero, información; luego, contactos nuevos; y por último, posibles oportunidades de entrar en un consejo. Se estructura basándose en una lista de personas conocidas, a quienes puedes pedir consejo e información sobre la carrera de consejero, empresas en concreto, situaciones que pueden hacer surgir nuevas oportunidades, retroalimentación sobre tu perfil y recomendaciones de desarrollo. Recomiendo transparencia en cuanto a expresar tu interés de formar parte de un consejo y las características que piensas te adecúan para ello. De estas conversaciones, idealmente te llevas no solo recomendaciones e información, sino también nuevos contactos, personas a quienes te referencian y que pueden ser de ayuda en tu búsqueda. Al avanzar mediante referencias personales, vas creando una red mayor e interrelacionada, basada en la confianza de quienes te hayan presentado a desconocidos. Si has elegido bien tus contactos, es cuestión de tiempo que surjan oportunidades.

> «No iba buscando consejos, me han encontrado a mí. Llevo mucho tiempo en la función pública y tengo una experiencia en la privada. Estoy metida en mil saraos. Fundaciones, asociaciones, *think tanks*».

En este proceso, como en todos, la figura de un mentor, quien tome un especial interés en ti y tu futuro como consejero, es un tesoro. Ayuda mucho tener a alguien que piensa en ti, que conoce tu valía, que quiere impulsar su carrera. Contar con un mentor, alguien dispuesto a 'gastar una bala de plata' por ti, es de los recursos más valiosos que existen.

> «Necesitas un padrino, o por lo menos, ayuda muchísimo. Por la confianza que ellos pueden dar. Alguien a quien le hace

mucha ilusión colocarte en algún consejo. Mi antigua jefa sabía que estaba buscando iniciar mi carrera de consejero y me hizo ese regalo en mi fiesta de 50 cumpleaños: 'Te he recomendado para un consejo de administración'».

Un porcentaje de oportunidades lo gestionamos los consultores de *executive search*. Aunque la mayoría de nuestros mandatos son para consejeros experimentados, hay un gradual interés en considerar candidatos con excelentes trayectorias ejecutivas y el potencial de asumir su primer consejo.

«Los *headhunters* no son lo más importante. Te pueden ayudar con información, pero es más raro que vengan oportunidades por ellos. En una firma de renombre me dijeron que era demasiado joven. 'Échale tiempo' me dijeron».

Por último, en esta etapa de desarrollo, puedes empezar a entrenarte a pensar como un consejero. Escucha las noticias importantes sobre empresas desde la perspectiva de sus posibles implicaciones para su gobierno. En el actual contexto macroeconómico de inflación y ralentización, ¿qué riesgos puede haber para la empresa de tipo financiero u operacional? En un cambio de gobierno, ¿qué riesgos regulatorios pueden surgir? ¿Cómo piensa un consejero ante la sequía que ha asolado medio mundo durante 2022, y los riesgos medioambientales que puedan impactar la empresa? Invierte (no tiene que ser mucho) en una empresa cotizada, lee los informes periódicos y anuales, y sigue sus comunicaciones con una mirada desde el consejo. Empieza a actuar como un consejero y ejercita las competencias de la función: en situaciones críticas en tu puesto actual, siéntate un momento en la silla virtual de un consejero. Analiza la información disponible, formula una opinión sustanciada, identifica los intereses de diferentes grupos de interés, considera las oportunidades y posibles riesgos, escucha a todos, y contribuye activamente a consensuar y tomar la mejor decisión.

El consejero en desarrollo: estrategias para tu hoja de ruta

- Fórmate en gobierno corporativo y en aquellas materias claves de la función si no las dominas.
- Busca posiciones de responsabilidad dentro de tu empresa actual o en una nueva organización que te ayuden a adquirir experiencia en áreas relacionadas con una función de gobierno. Vuélcate en una ejecución excepcional.
- Define tu marca personal y prepara tu CV como futuro consejero.
- Levanta la mano. Haz saber a tu entorno tu interés en ocupar una posición de consejero.
- Busca oportunidades de gobierno en asociaciones, ONGs y start-ups.
- Empieza a crear una red de contactos en el ecosistema de gobierno corporativo.
- Designa un tiempo y recursos para tu preparación y la exploración de oportunidades.
- Practica ser consejero antes de serlo: estudia situaciones en las noticias desde la perspectiva del gobierno corporativo y qué pueden significar para los consejeros de las empresas, sigue los comunicados a la bolsa de alguna cotizada, y empieza a ejercitar habilidades de consejero ante situaciones en tu rol ejecutivo.

2. El consejero en activo: aprendiendo en tu primera experiencia en gobierno corporativo

¡Enhorabuena! Ya has conseguido tu primer puesto de consejero. Se abre una nueva etapa de aprendizaje, dedicación, desempeño y reflexión con una mirada en el presente y también en las nuevas oportunidades que se te pueden abrir.

Tu prioridad es el aprendizaje profundo de la empresa. Mientas vas aprendiendo lo que es ejercer de consejero por primera vez, en los primeros 6-12 meses, se te va a requerir una importante dedicación extra para la lectura de actas, planes de negocio, presupuestos, estudios sectoriales, información de la competencia y noticias relevantes. Si no hay un proceso de inmersión, que estructura y facilita esta etapa de aprendizaje, defínetelo y acuérdalo con el presidente. Ayuda tener un mentor, un consejero que te acompañe en el aterrizaje. Hay que dedicar tiempo a conocer a los directivos clave, visitar las instalaciones, y establecer relaciones con los demás consejeros. Dentro del propio consejo, esta es una fase de observar y conocer la cultura que opera: cómo se relacionan entre sí los consejeros y con el presidente y el CEO, cómo se toman decisiones, cómo se disiente y se llega a consenso. Precisamente por este sobreesfuerzo, no es recomendable empezar en dos consejos simultáneamente, especialmente si tienes una actividad ejecutiva exigente.

Pasados los primeros 3 o 4 consejos, si no te lo ofrecen, pide *feedback* de tu aportación al presidente del consejo o al consejero coordinador si lo hubiese. No es fácil que te lo den, salvo que hayas creado una relación de confianza, pero es un regalo que vale su peso en oro para el consejero nuevo. En el proceso de retroalimentación, procura reconfirmar cuál es el rol diferencial que el consejo busca en ti. Solicita de la manera más transparente posible, información sobre tus aciertos y fortalezas, y las oportunidades de mejora donde puedes corregir tus actuaciones. La mayoría de los consejos realizan una evaluación de su funcionamiento una vez al año, pero en España no es habitual que se haga una evaluación individualizada a cada consejero. Esta información que vas recabando sobre tu impacto y reputación en el consejo te ayuda a afinar tu marca personal y discernir dónde mejor añades valor y cuáles consejos son para ti. También dan el marco para, con honestidad, saber cuándo ya no aportas tanto al consejo y toca salir.

En tu rol de consejero, tendrás que dedicar tiempo y recursos a tu actualización y formación continuada. Es especialmente importante estar al tanto de las modificaciones regulatorias y jurídicas que se producen y modifican los parámetros de funcionamiento de los consejos. Siendo consejero en activo, es muy recomendable hacerte miembro de una institución dedicada a la promoción y divulgación de las mejores prácticas en gobierno corporativo para mantenerte al día.

«No sabía lo que iba a tener que invertir en mi propio desarrollo personal y actualización profesional. Antes, como ejecutiva, me llegaba información de *clippings* de prensa, de informes expertos, de estudios internos... y me pagaban mis programas de formación y pertenencia a asociaciones. Ahora todo eso me lo tengo que procurar yo misma».

Como consejero ya en activo, revisa la marca personal que te habías construido. Amplia tu CV con tu propuesta de valor y experiencias obtenidas en comisiones y posiciones de liderazgo en el consejo. Revisa tu perfil público y visibilidad en conferencias, declaraciones, y en tu blog si lo tienes, para reforzar tu imagen como consejero. Se trata de mantener un equilibrio entre la notoriedad y la discreción, la visibilidad y el perfil bajo. Existen foros y asociaciones, nacionales e internacionales, de interés, utilidad, y sobre todo, comunidad. Un ejemplo es *Women Corporate Directors*, una organización mundial que reúne a consejeras que cumplen una serie de criterios objetivos, con el propósito de fomentar la presencia de mujeres en posiciones de liderazgo y en los consejos de compañías significativas.

Pasado el primer año como consejero, conviene hacer un punto de equilibrio. ¿La experiencia ha cumplido las expectativas que te habías marcado? ¿Sientes que has contribuido al funcionamiento del consejo? ¿Qué dicen de ti y de tu aportación personal? ¿Has encontrado eco de tu propósito en el ejercicio de tus responsabilidades? Más allá de tu continuidad en ese consejo, ¿vas a buscar ampliar tu dedicación a otros consejos? Si quieres ampliar a más consejos ¿Cuándo quieres iniciar el siguiente?

Si tu decisión es ampliar a algún consejo más, la buena noticia es que la búsqueda de nuevas oportunidades siempre es más fácil estando ya metido en la rueda. Tienes una plataforma de exposición continua ante consejeros, asesores, y altos ejecutivos. Ya has demostrado tu valía para ser consejero. Empiezas a coincidir con consejeros que están en otros consejos donde estarán puntualmente buscando hacer relevos.

Si quieres ampliar tu actividad a otros puestos de consejero, nuevamente se trata de hacer saber tu disponibilidad a los diferentes grupos de interés y activar tu red de contactos. Siendo ya consejero, tu reputación y experiencia harán más accesible tu visibilidad a presidentes, presidentes de CNR e inversores.

«¿La praxis en la búsqueda y selección de consejeros en España? Son tres factores en este orden: 1) Las relaciones personales, 2) Tener visibilidad política, pública o empresaria y 3) Tener una trayectoria de éxito. Justo el inverso de los procesos anglosajones».

Este comentario es de un ex banquero de inversión muy exitoso que luego se ha dedicado al gobierno corporativo y el rol fundamental de las empresas en la sociedad civil. Aunque progresivamente más consejos integran las mejores prácticas anglosajonas en la incorporación de nuevos consejeros, este comentario refleja lo que sigue siendo la práctica en la mayoría de las decisiones y refuerza la importancia de trabajar proactivamente en la visibilidad, las relaciones y los círculos de confianza. Esta reflexión sirve también para el sur de Europa y también para Latinoamérica.

«Tengo mi teoría de cómo me llegó el consejo del banco que tengo en el extranjero. De vez en cuando, me pide la escuela de negocios donde enseño que dé conferencias en Latinoamérica. En uno de los viajes, aproveché para contactar con egresados del mismo MBA norteamericano que estudié yo, con el grupo internacional de mujeres consejeras al que pertenezco, y con algunos empresarios locales que me recomendaron para comentarles mi interés en asumir un consejo en América. Un día, recibí una llamada de un *headhunter* para incluirme en una lista larga para el consejo de la mayor empresa de un país en LatAm. Nunca volví a hablar con él. Pasado un tiempo, recibí una llamada directamente de un consejero del banco, también egresado del mismo MBA que yo, para participar en una ronda de entrevistas, hasta que finalmente me propusieron entrar en el consejo. Eran muchos del mismo MBA en el consejo entonces y sospecho que la confianza que generó esa ligazón tuvo que ver en mi nombramiento».

El consejero en activo: estrategias para tu hoja de ruta

- Dedica tu primer año a un proceso de aprendizaje intenso de la empresa y el funcionamiento del consejo de administración.
- Pide *feedback* al presidente sobre tu aportación. Confirma tu aportación especial, fortalezas y oportunidades de mejora para trabajar sobre ellas.
- Asigna tiempo y recursos a tu actualización y formación continuada. Hazte socio de IC-A y, si puedes, de organizaciones internacionales de gobierno corporativo.

- Revisa tu marca personal y CV de consejero para incorporar la nueva experiencia. Amplia tu visibilidad.
- Haz un balance de tu experiencia como consejero.
- Si quieres optar a un consejo más, haz saber tu disponibilidad a tu red de conocidos.
- Trabaja proactivamente en la ampliación de tus relaciones en el ecosistema de gobierno corporativo.

3. El consejero consolidado: madurando en tu carrera como consejero

Hace algo más de 10 años, conocí a un reputado exbanquero dedicado a sus negocios y a consejos como externo independiente. Preguntado por su actividad, contó que estaba en ¡más de 20 consejos! Es indiscutible que gozaba de una mente privilegiada y una enorme capacidad de trabajo, pero aún con esos super poderes había que preguntarse cuánto se dedicaba realmente a cada una de sus responsabilidades. Hoy, con las exigencias de dedicación que requiere la regulación y legislación vigente, es inviable plantearse semejante portfolio como consejero.

Por regulación, siendo consejero de un banco, no se puede servir en más de 3 otras cotizadas. Si pensamos en un mínimo de 2-3 días de dedicación real por mes a cada consejo a lo que hay que añadir la dedicación a comisiones y reuniones, se podrían plantear hasta 4 consejos más en empresas privadas y de dedicación menor. Un portfolio de consejos es como un tablero de ajedrez: el movimiento en uno impacta a los demás, tanto en dedicación, como en ingresos como en conflictos de interés. La mayoría de los consejeros con los que hablo están pensando en su próximo consejo, bien porque llegan a final de mandato, o bien porque están buscando hacer un portfolio más potente. Esto requiere siempre tener claro un horizonte temporal y una planificación a medio plazo, para anticiparte a los movimientos naturales y los sobrevenidos.

«Al dejar la vida ejecutiva de CEO, lo que me interesó era subir el primer peldaño, conseguir el primer consejo para luego ampliar mi actividad y reputación. Acepté unos consejos menores para empezar a ejercer. Como cuando compras un piso inicialmente de 2 dormitorios, sabiendo que tu ambición es ir escalando hasta llegar a un chalet de 5. Iba aprendiendo del oficio de consejero y de diferentes negocios en empresas privadas, hasta conseguir mi primer consejo de una cotizada. Progresivamente he ido dejando las empresas de menor tamaño y relevancia para forjar un portfolio de empresas cotizadas y complejas. Mi única otra actividad es cuidar de mis propias inversiones».

Según vayas diversificando tus consejos, ante cada nueva oportunidad, conviene preguntarte desde un aspecto holístico: ¿Cómo responde a tus intereses? ¿Qué te aportará esta experiencia? ¿Conocimientos, relaciones, introducción a nuevas problemáticas empresariales, oportunidad de crecimiento? Es decir ¿qué vas a aprender, y qué vas a llevarte cuando salgas del consejo?

«Soy consejera en unos *start-ups* tecnológicos, donde me pagan con acciones de la compañía. Realmente, hago un *write-off* del tiempo dedicado porque lo que me aportan, más que una retribución, es estar en punta de lanza en temas de tecnología. Luego cuando asisto a mis consejos más formales, soy 'la reina del dato' por esta visión que me dan».

Como en este caso, crearte una marca de experto en algún sector o disciplina tiene de ventaja tu diferenciación, pero también es una limitación por los posibles conflictos de interés entre una empresa donde ya eres consejero y otras que podrían aspirar a ficharte. Según se amplíe tu portfolio, ¿dónde están tus líneas rojas? Hay que equilibrar la ventaja de apalancar tus experiencias de un sector y sus dinámicas con la posible colisión de intereses entre tus consejos.

Uno de los retos al gestionar un portfolio de consejos es manejar bien tus tiempos y tus compromisos.

> «Gasto 4 veces más tiempo preparando cada consejo del banco que en comparación con los demás».

No es lo mismo ser consejero en 4 cotizadas que en 1 cotizada, 2 empresas privadas y una fundación. Las empresas cotizadas y especialmente las entidades financieras demandan mucho tiempo por el nivel de regulación y por la amplitud de sus agendas y el trabajo de las comisiones. También se da el caso que empresas más pequeñas o familiares pueden demandar más tiempo por la escasez de recursos, ausencia de procedimientos y falta de buen gobierno corporativo.

Luego está la agenda, que a veces en sí es una fuente de conflictos de interés. Las reuniones de consejo y comisiones se planifican con mucha antelación, típicamente un año. ¿Qué compromisos tienes los últimos 10 días de cada mes, cuando se suelen acumular todas las reuniones y consejos? ¿Tus consejos son locales o internacionales? En los internacionales, lo que sería de 2 días de dedicación al mes, se puede ampliar a 5 si hace falta viajar a nivel internacional.

> «Ahora no me ocurre, pero antes me han coincidido un consejo en España y un consejo en Latinoamérica el mismo día. Por la diferencia horaria y pudiendo conectar por videoconferencia, he podido atender a ambos compromisos, pero son jornadas maratonianas en las que es difícil estar en tu mejor versión en cada momento».

La carrera de consejero implica tener una planificación financiera diferente a cuando uno es trabajador por cuenta ajena. Necesitas armar una estructura de ingresos y gastos que te permita vivir con un ritmo de pagos más espaciado en el tiempo.

«Al venir de una vida de alta ejecutiva, acostumbrada a cobrar un salario a final de mes, no estaba preparada para el desfase en cobrar mis honorarios como consejera. En la mayoría de mis consejos en España, se pagan al trimestre vencido. Es decir, hay meses que no ingresas nada en la cuenta bancaria. En mis consejos en Francia, se pagan anualmente, después de presentar la memoria del ejercicio anual. No todas las economías familiares están preparadas para soportar esto».

Ya hemos visto que los emolumentos para un consejero no son equiparables a una función ejecutiva. Para equiparar la retribución de una posición de dirección media, hay que estar en 2 consejos de empresas medianas o familiares. Si has estado ejerciendo como alto directivo, difícilmente tu carrera de consejero te vaya a pagar un monto similar, salvo que estés en una gran cotizada, participando en varias comisiones y ejerciendo de presidente en alguna de ellas, y también ejerzas de consejero en otras cotizadas de tamaño importante. En el caso de situaciones de crisis, donde se multiplican las demandas del tiempo y aportación de los consejeros, hay que estar preparado para que te pidan mucho más de lo que 'está en el pago'. Por otro lado, el consejero incurre en gastos propios que van desde los de un despacho (informática, comunicaciones, insumos) a los de representación (contactos regulares con tu red de contactos) o los de actualización, certificaciones, membresías y formación. Todos suponen un apartado importante en la gestión económica de tu actividad.

Por esto, no es sorprendente que la mayoría de los consejeros que conozco equilibran sus responsabilidades de consejero con otras actividades. Tienen ingresos complementarios por asesorías, clases universitarios, sus negocios y sus inversiones. Aparte de proporcionar una regularidad en el flujo de caja, también es un mecanismo que en un momento dado les da autonomía y el respaldo suficiente para poder renunciar a un consejo si fuera menester. La diversidad de intereses también ayuda a mantener un balance psíquico, emocional, y físico, tan importante en una profesión tan exigente como es la del consejero.

«Organizo mis prioridades en torno a tres actividades: soy consejera, soy profesora, y soy inversora en *start-ups*».

La vida profesional del consejero es solitaria. Al contrario de una función ejecutiva, donde tienes una sede física donde acudir, un grupo de personas con quienes relacionarte y compartir recursos todos los días con un sentido de comunidad, la función del consejero se realiza típicamente en 9-10 reuniones al año (aparte de las comisiones), y el resto del tiempo se prepara y trabaja a solas. El contacto humano, el intercambio de información, y la oportunidad de contrastar ideas y problemas tendrás que buscarlos proactivamente. Es clave intensificar y nutrir tu red de relaciones cercanas y de confianza con otros consejeros. A tu agenda, hay que incorporar espacio para ello. Asistir regularmente a foros donde sabes que vayan a asistir otros consejeros, ser miembro activo de asociaciones relacionadas con el gobierno corporativo, buscar puntos personales en común (egresados de la misma universidad, miembros de asociaciones profesionales, actividades de ocio compartidas), y proponer encuentros informales (cafés, comidas) son ejemplos que han de formar parte preferencial de tus hábitos en la profesión.

Como toda profesión, también toca un momento de transición para el consejero. ¿Cuándo sabré que es el momento de dejarlo? ¿Cómo gestionaré la transición? ¿Cómo llenaré el vacío al dejar la profesión? Algunos consejos regulan una edad máxima para sus consejeros, otros no, siendo de discusión la constitucionalidad esa medida.

La CNMV en el Código de Buen Gobierno firmado el 26 de febrero de 1998, tiene una especial mención respecto al retiro del consejero (II. Informe sobre el Consejo de Administración, 5.5 El Cese de Consejeros). Dice que «parece recomendable establecer una edad prudencial de retiro, que probablemente podría ser de sesenta y cinco a setenta años, para los consejeros ejecutivos y para el presidente, y más flexible para el resto (puede pensarse, por ejemplo, en un límite porcentual del número de consejeros que puedan seguir prestando sus servicios al sobrepasar las edades de referencia)».

La práctica nos dice que es un proceso de sentido común. A partir de cierto momento vital (tal vez arrancando en los 70), al ir venciendo los mandatos, uno decide no renovar, quedándose progresivamente con menos obligaciones. En esta nueva etapa, se puede dar continuidad a la labor de gobierno en fundaciones y de otras organizaciones sin ánimo de lucro. No hay limitaciones legales al servicio en estas instituciones, si bien, recordamos, que no se remuneran a los patronos salvo en sus gastos o caso de servicios extra gubernamentales a la entidad. Otros se dedican a la mentoría a los consejeros más jóvenes, traspasando sus experiencias y perspectivas a los que les siguen en la profesión.

El consejero consolidado: estrategias para tu hoja de ruta

- Estate atento a los horizontes temporales de tus consejos y planifica a medio plazo los cambios teniendo en cuenta tus intereses.

- Gestiona tus potenciales conflictos de interés.
- Maneja tus tiempos de compromiso y agenda.
- Realiza una planificación financiera realista.
- Asegúrate tener vías alternativas de ingresos para mantener tu independencia y tener la libertad para marcharte.
- Equilibra tu actividad de consejero con otras actividades.
- Nutre tu red de relaciones y compensa la soledad de la profesión.
- Visiona tu proceso de transición.

Conclusión y últimas palabras

Allí están, las tres fases de la carrera de consejero, con sus hitos, sus retos y sus recomendaciones de desarrollo para cada etapa. Para quien quiera, hay acciones para poner en marcha desde mañana mismo.

Ahora, querido lector, el siguiente capítulo lo escribes tú. Decidir no optar a ejercer de consejero o prepararte para poder ejercer la función, asumir tu primer consejo con solvencia y mirar hacia el futuro, o consolidar tu actividad ya considerable en el gobierno de las empresas. Tienes ahora lo que necesitas para dar un gran paso adelante hacia tus objetivos.

Si te decides por la carrera de consejero, mis mejores deseos de éxito para ti en el ejercicio de esta noble profesión. Tendrás la oportunidad de realizar una actividad gratificante y de impacto que, bien planteada, responde a tus intereses personales y profesionales y sirve un propósito mayor. En tu ámbito de actuación como consejero responsable está la potestad de transformar las organizaciones, la economía, el medioambiente y la vida de los grupos de interés a quienes sirves. Disfruta del camino.